名桜大学やんばるブックレット 8

やんばる 学びのポリフォニー

名桜大学リベラルアーツ機構 編

小番 達

渡慶次 正則

笠村 淳子

玉城 本生

Tan Eng Hai

高安 美智子

立津 慶幸

公立大学法人
名桜大学
MEIO UNIVERSITY

JN064388

やんばる 学びのポリフォニー　●　もくじ

はじめに

小番 達

　本ブックレットは、名桜大学リベラルアーツ機構に関わる教員を中心に学ぶことの意義はなにか、学び続けることの大切さや楽しみはどのようなところにあるのか、そして本学のリベラルアーツ教育に関わる取り組みの一端をわかりやすく伝えることを目的として刊行されました。

　リベラルアーツ教育とは「心を解放する」教育とも言われています。つまり、多様な価値観を受け入れ、特定の専門分野に留まることなく、人文・社会・自然の諸科学を柔軟に幅広く学び、論理的・批判的にものごとを考えることのできる人材を育む、それがリベラルアーツ教育であると考えられます。

　こうした考えを実践、推進していくことを目的としてリベラルアーツ機構という組織が2015（平成27）年に設立しました。リベラルアーツ機構は、教養教育カリキュラムの開発と運用、学生と教職員が協働して多様な学生の学びを支援する３つのセンター——言語学習センター・数理学習センター・ライティングセンターの統轄、さらに高等学校と大学とが効果的・効率的に連携できる仕組みづくりとその実践を主に担当しています。

　上に述べた教養教育カリキュラムを簡単に紹介しましょう。まず、文字通り教養教育の核となる「共通コア科目群」として、大学で主体的に学ぶための基礎的なスキルを身につける「アカデミックスキル」、生涯の生活設計を描き、実現するために必要な知識と方法を身につける「ライフデザイン」、論理的・批判的思考力を身につける「思想と論理」、自ら生活する沖縄の歴史・文化・社会・自然の特徴を把握する「沖縄理解」、精神的及び身体的な健康を養う「健康スポーツ」の５つの科目区分を設定しています。これに加

え、共通選択科目群として、「外国語」・「国際理解」・「人文科学」・「社会科学」・「自然科学」の各科目区分が編成されています。

　これらの中で、社会の動向と本学の建学の理念・教育目標を踏まえた上で、自身の人生と社会的な役割を考え、本学学生として学ぶ意識を培う「大学と人生」（ライフデザイン科目）、地域での実践的活動を通して課題解決力を養う「プロジェクト学習」（同上）、多様な価値観や考えを理解し、海外でも主体的に行動できる資質を身につける「海外スタディツアー」（国際理解科目）などが特色あるカリキュラムとしてあげられます。

　リベラルアーツ機構に関わる教員は、語学教育を専門分野とする者がもっとも多く、この分野には外国人教員もいます（本書には、やんばるブックレットのシリーズでは初めて全文英語による文章を掲載しています）。その他に言語学、歴史学、数学、物理学を専門とする者もいます。これらの教員は、主に教養教育を担当していますが、先に述べた学習センターの運営にも携わっていますし、公立大学である本学の重要な使命の一つ、地域貢献活動に積極的に関わっています。例えば、市民向け公開講座の開講、沖縄県関連事業への参画、JICA 講演会の講師担当、県北部地区小中学校における外国語講師など様々な活動に従事してきました（残念ながら、コロナ禍の影響で思うように活動できない部分もありました）。

　本ブックレットのタイトルを『「学び」のポリフォニー』としました。ポリフォニーとは、もともと音楽に関する用語で「多声音楽」を意味する語ですが、本学が立地するやんばるという場所で、上に述べたように様々な専門分野を持ち、学内での教育・研究、学外での貢献活動を実践している教員たちの「声」を伝えたいという狙いからこの語を用いました。内容は多岐にわたりますが、学びに関わる多様な「声」が本ブックレットの読者に届き、本学のリベラルアーツ教育の取り組みについて理解していただき、また興味をもっていただければ幸いです。

英語で授業を行える英語教員の養成と研修を目指して

渡慶次 正則

はじめに

　筆者はこれまで，名桜大学に赴任し 18 年間，中学校の英語教育実習生を指導してきました。指導した学生は，200 人近くになります。教育実習の指導を通して，常に強調して指導してきたのは「英語で英語授業を行う」ことです。英語教員が英語で授業を行うには，「求められる英語能力」，児童生徒に伝わる英語の話し方である「ティーチャー・トーク」，そして授業で用いる英語である「教室英語」が必要です。

　この章では，英語教育を取りまく状況，英語教員に求められる英語能力，ティーチャー・トーク，教室英語について先行研究を述べ，英語教職課程と小学校オンライン英語現職教員研修についての名桜大学の 2 つの取り組みについて述べます。

英語教育を取りまく状況

　人や物、お金などが国際的な規模で移動するグローバリゼーションの進展に伴い，国内で英語教育改革が行われています。日本では，2020 年東京オリンピック・パラリンピックにおける外国人訪問者の増加などを見すえて，グローバリゼーションに対応したいくつかの英語教育改革が推進されてきました。改革のひとつが，2021 年から始まる新しい中学校英語カリキュラムでは英語教員は，基本的に英語で授業を行うことになっています。高等学校英語教員は 2013 年から英語で授業を行う事が求められてきました。さら

に，2020 年から小学校で，「外国語」の科目として英語が教科として小学校 5 年生と小学校 6 年生を対象に提供されます。これに対して小学校の教員はスピーキング能力に大きな不安を感じています。

英語教員に求められる英語能力

　では，「英語で英語授業を行う」ためにどの程度の英語能力が求められるのでしょう。

　文部科学省によると，中学校および高等学校の英語教員は，実用英語技能検定（以下，英語検定）準 1 級，TOEFL iBT80 点，TOEIC730 点のいずれかを達成することが求められています。その達成率については毎年，文部科学省のホームページで各都道府県別に公表されています。全国を対象にした「平成 30 年度英語教育実施状況調査」によると，中学校の英語教員の36.2%（10,716 人）が目標レベルを達成し，高等学校の英語教員は，68.2%（15,265 人）が目標レベルを達成しています。ちなみにこの調査では，沖縄県では，中学校英語教員の 51.5% が，高等学校英語教員の 77.4% が目標を達成しており，全国に比べると平均的に沖縄県の英語教員の英語能力は高いと言えます。英語各種試験で測定された英語能力によって英語教員の資質を測ることができますが，英語で授業を行うには，さらに児童生徒が理解できる英語の話し方や教室で使われる英語表現の習得が必要になります。

ティーチャー・トーク

　英語の授業では，英語教員の英語レベルが高くて，さらに教室英語の表現を使えるだけでは十分ではありません。教員の使う英語が児童生徒に理解できるように伝わらなければなりません。その良い例は，親が幼児であるわが子に話す時を観察してください。おそらく，簡単な言葉や，ゆっくり話したり，身振り手振りを用いてコミュニケーションをしているはずです。教室で用いる英語も同じような特徴があります。

　英語教員が教室で話す英語はティーチャー・トークと呼ばれます。その

特徴として，1）話す速度が遅い，2）話す内容を考える休止が，よりひんぱんで長くなる，3）発音が誇張・単純化される傾向がある，4）より基本的な語彙を使用する，5）従属表現（例，〜 because）の度合いが低くなる，6）疑問文よりも平常文が使用される，7）教員はひんぱんに反復をしがちである（Chaudron,1988）。つまり，教員が話す英語を児童生徒が理解するために，ゆっくり話したり，簡単な単語や文型を用いたり，くり返したり，大切な部分を強調したりする必要があります。ティーチャー・トークは，簡単に身に着く話し方ではありません。最初は意識的に児童が理解できるように英語を話す必要があります。経験豊富な英語教員は，児童・生徒が教員の英語を理解できるように無意識に話す英語を調整しており，ジェスチャーや絵・写真などの視覚補助も効果的に使用することが知られています。

教室英語（クラスルーム・イングリッシュ）

　英語教員が用いる英語表現集は多数の出版社から出版されています。本学の英語教員養成課程では，文部科学省が発行した『小学校外国語活動・外国語研修ガイドブック』（2017）を用いています。このガイドブックでは，クラスルーム・イングリッシュ（教室英語），基本英会話，ALT（Assistant Language Teacher: 外国語指導助手）との打ち合わせ等で用いられる会話例，授業や学校に関わる表現集を網羅的（12 ページ）に示されています。特に本学の英語教職科目では，このガイドブックのクラスルーム・イングリッシュ表現集は，授業の始まり，活動の始まり，活動中，カードゲーム，聞くことを中心とした活動，読むことを中心とした活動，書くことを中心とした活動，活動の終わり，児童への指示，授業の終わり，ほめる，励ますに関する表現を教職課程の学生が習得できるようにしています。次の部分で実際に授業での英語使用について本学の学生を対象にした取り組みについて報告します。

英語教職課程：「英語科教育法 II」での取り組みと調査結果

　名桜大学では 1 年生と 2 年生では一般的な教職科目を履修し，3 年生から
は各教科に特化した教科教育の教職科目を履修します。具体的には英語教員
養成課程では，3 年生前期に英語教育の教授法，第 2 言語習得理論，学習指
導要領などを中心に学習する「英語科教育法 I」（4 単位，週 2 回）を履修
し，3 年生後期に履修する「英語教育法 II」（4 単位，週 2 回）では，語彙，
文法，音読・読解の言語材料の模擬授業や英語 4 技能（聞くこと，話すこと，
読むこと，書くこと）指導のグループ活動実践などを行います。4 年生前期
（主に 6 月），または夏季休暇中（主に 9 月）では，「教育実習」（中学校 3 週
間，高等学校 2 週間）に参加し，その準備授業として「英語教育実践研究」
（2 単位，週 1 回）で模擬授業や学習指導案の作成などの実習前の実践的授
業を行っています。本調査の詳細は，「沖縄英語教育研究学会紀要 第 17 号」
に収録されています。

調査参加者

　この調査に参加した学生は本学の教職必修科目である「英語科教育法 II」
（3 年後期，4 単位，週 2 コマ）を 2019 年 9 月下旬から 2020 年 2 月上旬ま
で履修した 17 人です。中学校教育実習予定者は 15 人で，高等学校教育実習
予定者は 2 人です。参加者は全員が英語検定 2 級以上の検定級を所持してお
り，内 1 人は準 1 級を所持しています。参加者の 4 人が約 10 か月の留学経
験，1 人が約 2 年の留学経験を持っています。

調査方法

　この調査は「英語科教育法 II」講義内容の一部として，教室英語，ティー
チャー・トーク，音読能力育成プログラムとして位置づけました。 このプロ
グラムの有効性を探るためにデータを収集して検証しました。参加者は前学
期で筆者が担当した「英語科教育法 I」（3 年前期，4 単位，週 2 コマ）におい
て外国語の教授法や学習理論，学習指導要領等について受講しました。引き

続き筆者が担当した「英語科教育法 II」は，4 年生に実施される「教育実習」に向けて，4 技能や言語知識（単語，文法，発音）の実践的指導力を育成する事と授業実践に必要な教室英語・ティーチャー・トーク・音読の能力の 3 つを身に着けることを目的とします。この講義では個別の言語の知識や技能の指導実践のまとめとして，中学校と高等学校で主に指導される「音読・英文読解指導」と「文法指導」の模擬授業を全員が行いました。

　教室英語・ティーチャー・トーク育成の前半は教室英語表現集の習得で，後半はティーチャー・トークの習得です。模擬授業の前まで継続するために音読育成活動と交互に実施しました（表 1 を参照）。前半部分は，教室英語表現育成の教材として，『小学校外国語活動・研修ガイドブック』（文部科学省，2017）の「実習編」（118 〜 123 頁）で中学校および高等学校の授業でも充分に使用できる関連部分を用いました。このガイドブックの課題部分を各自で事前に練習し，講義中に 15 分から 20 分程度で教室英語の表現集の習得をペアワークの形式で相互に確認させました。具体的には，第 4 回：授業を始める（starting class），活動を始める（starting activities），活動中（activities），第 6 回：カードゲーム（card games），聞く活動（listening activities），読む活動（reading activities），活動やゲームを終える（ending games and activities），第 8 回：クラス管理（class control），第 10 回：授業を終える（ending class），ほめる（praising），励ます（encouraging）です。

　後半部分は授業中に身近な話題について話したり，理解の確認や内容を広げたり，生徒に理解できる英語を話すティーチャー・トークの習得に取り組ませました。教材はワークシートを使用してティーチャー・トークが身に着くように工夫しました。具体的には，第 11 回：身近な話題を描写する（describing familiar topics），第 13 回：答えが限定される／限定されない質問（closed ／ open question），第 15 回：オーラル・イントロダクション（教科書本文の英語による短い紹介），第 17 回：生徒の活動にフィードバックを与える（ほめる，明確にする，情報などを取り出す，リキャストティング[1]）です。

表1:教室英語・ティーチャー・トーク・音読能力のデータ収集日程一覧（2019年に実施）
（本稿に関係する部分のみを抜粋）

活　動　計　画		教材および資料
第3回（10/7）	ティーチャー・トーク,視聴覚補助,教室英語表現の自己確認事前アンケート自己評価	・「文科省研修ガイドブック」
第4回（10/10）	教室英語表現の練習（Starting class 1-16 / Starting activities 1-12, Activities 1-34）	
第5回（10/14）	音読練習①［教材:Lessson1］（スライス読み,正確な発音とイントネーション）	・「音読標準編」&「発音教本」
第6回（10/17）	教室英語表現の練習（Card-games 1-15/ Listening activities 1-4 /Reading activities 1-4 / Ending games and activities 1-13）	・「文科省研修ガイドブック」
第7回（10/21）	音読練習②［教材:Lesson2］（全文読み,内容語・機能語,リズム）	・「音読標準編」&「発音教本」
第8回（10/24）	教室英語表現の練習（Class Control 1-49）	・「文科省研修ガイドブック」
第9回（10/28）	音読練習③［Text:Lesson3］（自然に読む,韻律:音の結合,同化,脱落）	・「音読標準編」&「英語発音学習辞典」
第10回（10/31）	教室英語表現の練習（Ending class 1-9 / Praising 1-10 /Encouraging 1-12）	・「文科省研修ガイドブック」
第11回（11/7）	身近な題材を描写する	
第12回（11/11）	音読練習⑤［Textbook:Lesson.5］（正確,自然に,速く読む）	・ワークシート
第13回（11/14）	質問をする,広げる（答えが限定される/限定されない質問）	・「音読標準編」
第14回（11/18）	音読練習⑥［Textbook:Lesson.6］（正確,自然に,速く読む）	・ワークシート ・「音読標準編」
第15回（11/21）	オーラル・イントロダクション	・ワークシート
第16回（11/25）	音読練習⑦［Textbook:Lesson.7］（正確,自然に,速く読む）	・「音読標準編」
第17回（12/5）	フィードバックをする（ほめる,明確にする,取りだす,リキャスティング1）	・ワークシート
第18回（12/9）	音読練習 ⑧［Textbook:Lesson 8］（シャドーイング）	・「音読標準編」 ・教科書を選択
第19回（12/12）〜第23回（1/9）	音読指導の模擬授業	
第30回（1/30）	事後アンケート自己評価	

表中用語の説明：
「文科省研修ガイドブック」は『小学校外国語活動・研修ガイドブック』の省略。
「音読標準編」は『英会話・ぜったい・音読・標準編 第19版』の省略
「発音教本」は『日本人のための英語発音完全教本 第10版』の省略
「英語発音学習辞典」は『英語の発音パーフェクト辞典』の省略。

データ収集と分析方法

データ収集は，教室英語・ティーチャー・トーク・音読自己評価アンケート（章末資料1を参照）を使用し，事前（講義第3回）と事後（講義第30回）に実施し，その差異を検証しました。質問に対する回答は，5つの段階的な回答選択肢である5件法のリッカート尺度を用い，5（かなりできる），4（ある程度できる），3（どちらとも言えない），2（あまりできない），1（まったくできない）のいずれかを選択し回答させ，数値化して一部を統計処理しました。

教室英語・ティーチャー・トーク・音読自己評価アンケートの事前値と事後値の分析

本調査の育成プログラムの事前と事後に実施された教室英語・ティーチャー・トーク・音読自己評価アンケート（5段階評価）の結果を数値化して分析しました。

最初に自己評価を項目別に全体（17人）の平均値とSD値（標準偏差値）を示しているのが図1と表2です。

図1によると，35項目のすべての項目において事後評価の平均値が事前評価の平均値より高く，育成プログラムに効果があるという自己評価の数値

図1：教室英語・ティーチャー・トーク・音読の事前自己評価平均値と事後自己評価平均値の分布比較

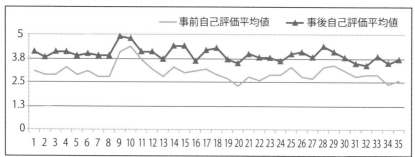

を示しています。

　表2によると，事前自己評価と事後自己評価の両方で評価値が高いのは項目9，10です。項目9（授業の始めにあいさつができる）は事前（4.1），事後（4.9）の数値であり，項目10（月日，曜日，天気についてやり取りができる）は，事前（4.4），事後（4.8）の数値です。事後数値ではほぼ全員が5（かなりできる）に近い数値で自己評価をしています。理由は模擬授業の前に天気や曜日等のあいさつの練習を行い，17名全員に各2回の模擬授業（音読指導と文法指導）の中で授業始めに英語でのあいさつを義務付けたことに起因すると考えられます。

　逆に自己評価で最も数値が低いのは項目20（しつけをすることができる）で事前値（2.3）と事後値（3.5）です。教職経験を持たない学生たちが英語で生徒のしつけや生活指導を行うことに自信が持てないのは充分に推測できま

表2: 教室英語・ティーチャー・トーク・音読の事前自己評価と事後自己評価の平均値と SD 値の比較（5 段階評価）

	項目	1	2	3	4	5	6	7	8	9	10	11	12	13	14	15	16	17	18
事前	平均値	3.1	2.9	2.9	3.3	2.9	3.1	2.8	2.8	4.1	4.4	3.7	3.2	2.8	3.3	3	3.1	3.2	2.9
	SD値	0.9	0.9	1	1.1	1.2	1	0.9	1.1	0.7	0.6	1	1	1	0.8	0.9	0.8	0.5	0.9
事後	平均値	4.1	3.8	4.1	4.1	3.9	4	3.9	3.9	4.9	4.8	4.1	4.1	3.7	4.4	4.4	3.6	4.2	4.3
	SD値	0.6	0.7	0.8	0.9	1	0.9	0.7	1	0.3	0.4	1.1	0.9	0.8	0.8	0.6	0.9	0.7	0.6

（上の表に続く）

	項目	19	20	21	22	23	24	25	26	27	28	29	30	31	32	33	34	35
事前	平均値	2.7	2.3	2.8	2.6	2.9	2.9	3.3	2.8	2.7	3.3	3.4	3.1	2.8	2.9	2.9	2.4	2.6
	SD値	0.7	1	0.8	0.9	0.8	1	0.8	0.8	0.9	1	0.7	1	0.9	0.7	1	0.8	1
事後	平均値	3.7	3.5	4	3.8	3.8	3.6	4	4.1	3.8	4.4	4.1	3.8	3.5	3.4	3.9	3.5	3.7
	SD値	0.9	0.9	0.9	0.8	1	0.9	0.9	0.8	0.9	0.8	0.7	0.7	0.6	0.9	0.8	1	0.8

す。さらに評価値が低いのは，項目34（児童・生徒が話そうとしている内容を，未習・既習表現を用いて代弁したり，広げたりすることができる）で，事前値（2.4），事後値（3.5）を示しました。事後値は事前値より上昇していますが，教育実習を経験していない学生たちが，児童生徒の発話を言い換えたり，内容を広げたりするのは，実質的には無理があるかもしれません。山森（2012）によると、英語科教育実習生は "OK." や "That's right." といったありきたりの表現を多用する（中略）教室英語表現の暗記といった典型的な準備をしていたとしても実際の授業ではそれらを十分に活かすことができない」（p.376），「教室英語の定型表現の反復が中心で，英語による児童・生徒との対話が少ない」（p.382）と述べ，経験の少ない英語教員養成課程の学生が表現内容をふくらませることの難しさを指摘しています。

　他の情報も加えながら結果をまとめると，最初に，教室英語・ティーチャー・トーク・音読自己評価アンケートを用いて，プログラムの事前と事後の差異について検証した結果，すべての項目において平均値が上昇し，育成プログラムは効果があったことを示しました。模擬授業ふり返りの記述においても全員が模擬授業における各自の英語使用について批判的な自己分析をしており，授業中の英語使用に対する意識も高まった波及効果がありました。

　次に，授業中の英語使用について項目により自己評価のばらつきがありました。事前に暗記した教室英語（あいさつや曜日等）については高い自己評価を示す傾向にありました。一方，臨機応変な場面で児童生徒の活動をふくらましたり，広げたりすること（アンケート項目34）は，教授経験のほとんどない参加学生の自己評価は低い値でした。さらに，模擬授業の自己分析でも準備なしの即興的な発話に対する不安が記述されていました。

現職教員研修：小学校オンライン英語教員研修

　2番目の取り組みとして，小学校オンライン英語教員研修について説明します。2020年から小学校のカリキュラムが改訂され，授業時数がこれまでの小学校5年生と6年生の2学年で約70時間から，新カリキュラムでは，

小学校 3 年生から 6 年生の 4 年間で約 210 時間の 3 倍に英語の授業時数が増えました。さらに，「外国語」が正式な教科として学習されるために，より高度な英語能力を持つ英語教員が必要となっています。しかし，小学校教員は多忙であり，研修時間の確保や研修会場への移動などが難しい状況にあります。その解決策として「いつでも，どこでも」受講できるオンライン教員研修を名桜大学主催で令和 2 年から科学研究費助成事業を活用して実施しています。

　オンライン小学校英語教員研修は，2020 年（令和 2 年）9 月から 2021 年（令和 3 年）1 月までの 5 か月間のプログラムです。

　令和 2 年度は，北部地区から 8 人，中部地区から 6 人の合計 14 人の小学校教員が参加しています。オンライン・プログラムは「オンライン英会話」（レアジョブ社）を用いて，1 回に 25 分間，週に 2 回程度で月に合計 8 回を目安として受講しています。時間帯は午前 6 時から深夜 1 時まで，事前に予約をすれば好きな時間帯で受講できます。Skype（ビデオ遠隔システム）を用いてオンライン講師の顔を見ながら英語学習ができます。受講場所は，コンピュータ，タブレット，スマートフォンのいずれのデバイスを用いてもどこでも受講できます。ほとんどの受講教員は週末や帰宅後に自宅で研修を行っており，指定された時間や場所での研修に参加する必要はなく，自分にあった時間帯や場所，方法で受講できる仕組みです。オンライン講師は，すべてがトレーニングを受けたフィリピン人講師で，受講生が講師を選択できます。具体的なオンライン英語学習としては，日常英会話やディスカッションを行っています。英語授業で使用する英語表現の学習や教室英語の練習がオンライン・プログラムに含まれていない事が課題のひとつですが，解決方法として授業実演も行っています。

オンライン研修受講を通したレベル別のスピーキング能力の変化について

　オンライン研修に参加した小学校教員の研修前と研修後のスピーキング

能力がどのように変化したかをその成果の一部を紹介します。下の表3は、スピーキング能力について、レベル別に研修の事前と事後で研修参加小学校教員が自己評価した結果で、上級レベルとは、英検準1級相当、中級レベルとは英検2級レベル相当、初級レベルとは英検準2級、3級レベル相当です。

　レベル別に事前と事後で自己評価がどのように変化したかを具体化するために、回答平均点を四捨五入してすべて整数（例：5「よくできる」）で示して比較しました。下の表3によると、初級レベルの自己評価で顕著なのは「4: ある程度できる」の評価が事前（3項目）から事後（25項目）に大きく増加しました。さらに、「2: あまりできない」の評価においては、事前（10項目）から事後（0項目）に大きく減少し、各項目のスピーキングについて自信度が増したことを示しています。上級レベルでは、「2: あまりできない」の回答が事前（0項目）で、研修前から多くの項目で高い自信度を示していますが、事前と事後の自己評価では、「かなりできる」の評価で事前（5項目）から事後（19項目）に増加し、研修の効果について自信度が増しています。中級レベルにおいては、上級レベルと同様に、「2: あまりできない」の回答が事前 が（0項目）で、研修前から自信度が高いですが、特に「かなり

表3: 事前評価と事後評価のレベル別項目数の分布について

	かなりできる	ある程度できる	どちらとも言えない	あまりできない
上級事前項目数	5	28	1	0
上級事後項目数	19	15	0	0
中級事前項目数	5	23	6	0
中級事後項目数	14	20	0	0
初級事前項目数	2	3	19	10
初級事後項目数	4	25	5	0

できる」の評価について事前（5）から事後（14）に大きく増加しているのは自信度が増したことを示しています。全体的に各レベルとも研修の事前と事後の比較では，自己評価の値が上昇しており，特に初級レベルにおいて自己評価値の上昇率が最も高い結果となりました。

最後に

　グローバリゼーションの進展により，英語教員には高い英語能力と英語で授業を行うことが求められています。私たち名桜大学は英語で授業が行える英語教員の育成を目指して，英語教員養成課程ならびに現職教員研修において今後も取り組みを継続します。

注
1 ）リキャスティングとは学習者の発話等に対して英語教員や母語話者が明示的に誤りを修正するのではなく暗示的に誤りを示して気が付かせること（例：Student: I flied to Tokyo last year. Teacher: Oh, you flew to Tokyo last year.）

参考文献
Chauldron, C.（1988）. *Second Language Classrooms*. Cambridge: Cambridge University Press.
文部科学省（2017）『小学校外国語活動・外国語研修ガイドブック』
文部科学省（2018a）『平成 30 年度 中学校等における英語教育実施状況調査』
http://www.mext.go.jp/component/a_menu/education/detail/__icsFiles/afieldfile/2019/04/17/1415043_08_1.pdf（閲覧日：2019 年 9 月 5 日）
文部科学省（2018b）『平成 30 年度 高等学校等における英語教育実施状況調査』
http://www.mext.go.jp/component/a_menu/education/detail/__icsFiles/afieldfile/2019/04/17/1415043_09_1.pdf（アクセス日：2019 年 9 月 5 日）
渡慶次正則（2020）英語教員養成課程学生の教室英語・teacher talk・音読能力育成プログラムの成果と課題の事例研究 .『沖縄英語教育学会』No. 17, 1-20.
山森直人（2012）「英語科教員養成課程における教室英語力育成のための実践的試み」『全国英語教育学会紀要』23, 373-388.

資料1　教室英語や音読等に関する自己評価調査票
(調査の趣旨や属性に関する質問は省略)

次の項目について英語を使用して,できる自信度について,回答選択肢 (5:かなりできる /
4:ある程度できる / 3:どちらとも言えない/2: あまりできない / 1:まったくできない)か
ら一つ選択して回答してください。

機能	教室英語・teacher talk・音読項目	選択肢
A 正しい英語の構造への気づきの促進	一斉読み[英語表現]や単語の発音練習のための模範を示すことができる	5 4 3 2 1
	パターン・プラクティス[英語表現の反復練習]のためのキューを提示することができる	5 4 3 2 1
	物事や現象について描写することができる	5 4 3 2 1
	児童・生徒に気づいてほしい言語的特徴を声を大きくしたり,強勢をおくことで強調することができる	5 4 3 2 1
B 音読について	母音や子音の正しい発音や強勢に気を付けて音読できる	5 4 3 2 1
	意味の区切りやイントネーションに気を付けて音読できる	5 4 3 2 1
	機能語や内容語や強調したい語など気を付けて,正しいリズムで音読できる	5 4 3 2 1
	音連続,同化,脱落 などの音変化や子音連結に気を付けて,自然な英語で音読できる	5 4 3 2 1
C 授業の運営について	授業の始めにあいさつができる	5 4 3 2 1
	月日,曜日,天気についてやり取りができる	5 4 3 2 1
	出席を取ることができる	5 4 3 2 1
	復習をさせたり,生徒の課題を集めることができる	5 4 3 2 1
	授業中の諸連絡をすることができる	5 4 3 2 1
	宿題を与えることができる	5 4 3 2 1
	教材を使うことができる	5 4 3 2 1
	生徒に教室英語を教えることができる	5 4 3 2 1

機能	教室英語・teacher talk・音読項目	選択肢
C 授業の運営について	授業中に指示を与える事ができる	５４３２１
	試験やクイズで指示を与える事ができる	５４３２１
	活動を変更することができる	５４３２１
	しつけをすることができる	５４３２１
	児童・生徒の参加を促すことができる	５４３２１
	児童・生徒の動機づけができる	５４３２１
	児童・生徒の反応について評価することができる	５４３２１
D 表現内容のふくらまし・構造との関係づけ	教科書の文章・絵の内容に関する児童・生徒の個人的な印象を問う発問をすることができる	５４３２１
	必要と思われる内容を同じ表現で繰り返して述べる事ができる	５４３２１
	具体的な例を提示して児童・生徒の理解を促すことができる	５４３２１
	同じ内容を表現を換えながら話し,児童・生徒の理解を促すことができる	５４３２１
	児童・生徒の発話に身体反応や相づちなどの手段で反応することができる	５４３２１
	教材や日常生活について答えが決まっている発問をすることができる	５４３２１
	教材や日常生活について答えが複数ありうる発問をすることができる	５４３２１
	児童・生徒から発話が出てこない場合に発話の始まりやヒントを与えることができる	５４３２１
	児童・生徒の不明瞭な発話を確認することができる	５４３２１
	児童・生徒の発話を再度述べることができる	５４３２１
	児童・生徒が話そうとしている内容を,未習・既習表現を用いて代弁したり,広げたりすることができる	５４３２１
	児童・生徒の発話を誤りに対して明示的,暗示的に発話修正をすることができる	５４３２１

言語学習センター
（Language Learning Center-LLC）の取り組み

笠村 淳子

はじめに

人間は様々な分野，教育機関の中で「学び」を体験していますが，「学びとは何ですか？」と聞かれたら，何と答えるでしょうか。一般的に「学び」と聞くと学校で学ぶ事柄や研究などを連想する人も少なくないでしょう。学びは歴史的あるいは文化的背景によっても大きく左右されているようですが，人は生まれた時から目にするもの，聞く（聴く）もの，そして関わるものから学び，それを経験と呼んでいるように思います。その中でも，社会あるいはこの世をよりよくするための知識や方法などを学び，蓄積し，さらに進化させるために人は教育機関に参加することで個人の学問（学術）的（と呼ばれる）「学び」をさらに成長させています。

さて，この教育機関に関して，皆さんは「学校で学んでいることが好きですか」「なぜ，それが好き（あるいは嫌い）ですか」という質問に，何と答えるでしょうか。いろいろな答えがあると思います。覚えるのが得意で試験で満点あるいはよい点数を取れるから好き，あるいはその逆かもしれませんし，新しいことを学ぶことが好き，なのかもしれません。または，友達と勉強するのが好きな人もいるかもしれませんね。実は最近注目されているのが共に学び合う「ピア・ラーニング」と呼ばれる活動です。「ピア」は「仲間」あるいは同じ立場の人のことで，「ラーニング」とは言葉の通り「学び」ですね。共に学び合う活動のことをそのように呼んでいます。最近はピア・ラーニングを活発に行う授業も多く見られるようです。

ピア・ラーニングに近いのですが，ある分野に関して学びを支援するため

に，資格あるいはトレーニングを
受けた支援者，「ピア・チュータ
ー」を活用した制度があります。
「チューター」とは，「個人教師」
などと言われます。それに「ピ
ア」が付くことで，同じ立場の人
が，他の人を専門分野の学習（学
び）に関して支援する人のことに
なります。チューターは，アルバ

写真１．チュータリングの様子

イトとして雇用されて支援を行っていることが多いため，家庭教師の感覚に
近いかもしれません。本学は，このチューター制度を３つの学習センター
で採用しています。本稿では，2001 年に日本でもいち早くこのチューター
制度を採用し，設立された言語学習センター（Language Learning Center
以下 LLC と呼ぶ）のユニークな取り組みとその成果をご紹介します。

ピア・チューター制度の意義

　ピア・チューター制度は，ある専門分野を得意とする学生（あるいは社
会人の場合もありますが）が支援を必要とする学生に同じ立場で「答えを
与える」のではなく「答えに導く」（津嘉山 , 2011; 椿本ほか , 2012; 笠村＆
Diop, 2018），すなわち「学び方を学ぶ」方法について分かち合う支援です。
実際に教員ではない立場の人が支援すること，すなわち支援される側にとっ
て教員よりも「身近」な存在である人だからこそ，より近く支援できること
がわかってきています。（渡邊ほか , 2014）。実際にチューター制度を実践
している米国の大学を調査した研究者（渡辺ほか，2014）は，支援される
側だけでなく，支援する側にもよい効果があり，「学習者の学習経験の豊富
化および質の保証に貢献するサイクルが築かれている」と述べ，チューター
制度が個人だけでなくより多くの学習者に影響を与えている可能性があると
言っています。

LLC とチュータートレーニングプログラム

　名桜大学は国際人育成を目標に掲げ，国際人に不可欠な言語である英語に力を入れた大学として 1994 年に設立されました。しかしながら，年を経るごとに学生間の学力の差が目立つようになり，その改善策を求められることとなりました。また，当時は文科省でも標準化として受け入れられていたハモニカ校舎[1]の構造である講義棟と図書館の建物のみであったことから，学生は講義後，自由に他の学生とくつろぐあるいは共に学習する場所がほとんどありませんでした。特に会話やグループディスカッションなど，外国語学習に効果的な学習を実践する自由なスペースや教材をそろえている設備はありませんでした。それらの問題を解決するために誰でも自由に集える空間，そこに行けば学生チューターと呼ばれる学習支援者が常駐しており，気軽に外国語学習について相談でき，あるいは自主学習や課題を果たすことができる「学びの空間」言語学習センター（Language Learning Center, 以下 LLC）が設置されました。LLC を利用する学生により効果的な外国語学習支援を提供できるようにするために，学習支援者であるチューターたちの研修プログラムを採用しました。2001 年，LLC 設立と同時に日本で初，しかも北米以外の国で初めて[2]米国の College Reading and Learning Association（CRLA）が提供しているチュータートレーニングプログラムである International Tutor Training Program Certificate（ITTPC）制度を申請し，採用されました。このプログラムは，基本的な学習支援方法（以下チュータリング）についてコミュニケーション方法や具体的な支援方法などをトレーニングできるようになっており，チューターは決められた項目を達成することで，修了証明書を取得できます。レベル 1 から始まり最高レベルが 3

写真 2. ITTPC 修了証明書授与式

（マスター）となりますが，1レベルを修得するため，平均1学期間かかります。レベルが上がるごとに自立した学習者の特質を伸ばせるような活動を修了させるようになっていることも，このプログラムのもう一つの利点となっています。同時に，LLCではレベルアップするとお給料もアップするという，学生へのレベルアップモチベーションも忘れずに実施しています。

チューターのスキル向上を目指した活動

　LLCのチューターたちは，ITTPC修得を目指すことが必須条件となっています。これは，学習支援を効果的に実践する理想的なセンターを実現するには，より効果的な支援提供が可能なチューターを育てることにある，という考え方があるからです。チューターたちは雇用条件を満たした者が採用され，その後，学期間を通してITTPC修得に必要な（必須項目すべての）トレーニング受講，学生同士の評価，監督者（教員）の評価，最低25時間のチュータリング時間量，そして1件のプロジェクトの完成を目指して，様々な活動を行っていきます。トレーニングは定期的に毎週実施され，チュータリングの基本についてレクチャーおよびロールプレイを通して学んでいます。学生同士の評価については，先輩チューターが後輩チューターの実際のチュータリングを観察し，その後いろいろなコメントやアドバイスを与え，学生同士で学び合う機会を提供しています。教員との面談は，主にチューターとしての目標とその達成方法について話し合い，目標達成について必要なアドバイスを与え，ルーブリックによる達成評価を行っています。一学期間かけて実施するプロジェクトは，LLC環境あるいはシステムに関しての改善策や外国語学習者の役に立つものであるという条件があり，チューター

写真3．ワークショップの様子

たちは特定の外国語のワークショップや文化紹介，そして LLC のウェブサイトや PR 方法のプロジェクトなど，個々の才能を使ったプロジェクトを開催しています。毎学期末，各チューターの取り組みを学期末成果報告会として学内で発表していますが，すべて英語（留学生は日本語）で発表しています。これらの取り組みはチューターたちにとってチャレンジですが，成し遂げた後のチューターたちは達成感をもって次のステップへ進んでいます。

学生主体の学習センター

　設立当初，設立した教員方の理想は，学生主体の学習センターの構築でした。学生が学生の目線で，センター内の環境，学生のニーズを積極的に調査し，自身の才能を発揮あるいは伸ばしながらチームで LLC の開発を進めて行くというヴィジョンです。そのヴィジョンを実現するために学生主体で行っている大切な業務があります。それは，新チューター選考会議，プロジェクトの実施，日常の LLC 運営業務（現場）そして業務担当の割り当ての 4 つです。

1.　　新チューター選考会議
　　　LLC の新チューター応募は，実際に雇用する前の学期に応募が始まります。例えば，令和 3 年度前期のチューター応募は，令和 2 年度の後期に行います。応募に関する書類等の作成管理等は担当教員が行いますが，チューター採用決定権限は，実は現役のチューターたちにあります。どういうことかというと，教員の推薦に頼る場合，特定の教員のゼミ学生に偏ることを防ぐため，さらに教員には見えない部分を学生の目線で知っている場合があるという観点から，教員と学生の両方の意見を吟味し，最終的にチューターが投票権を行使します。結果，点数が高い順に新チューターが採用決定されていきます。
　　　この方法はチューターたち自身が LLC の現在と将来を担った大切な責任を与えられている自信を持つことにも繋がっている可能性を

感じます。

2.　　プロジェクトの実施

プロジェクトの完成はチューターたちにとって大きな達成項目の一つですが，今まで個々の才能を生かしたユニークなプロジェクトが実施されてきました。プロジェクトは自身の才能を生かすあるいは伸ばしながら，LLC運営開発あるいは外国語学習者に役立つものでなければならないという条件があります。学期4週目ごろ，各チューターは個人，あるいはペアやグループで自身のプロジェクトを計画，決定し，プロポーザルを提示する発表会を行います。そこで全員の承認を得，実践していきます。チューターたちの努力と成果は，学内全体で学期末発表会において報告されます。発表会は学内イベントとして開催され，多くの学生および教職員が集います。毎回のアンケートでは，高評価を得ています。特にそれぞれのプロジェクトの内容，英日での発表会に感銘を受けているようです。当然のことながら，課題もありますが，学生自身が計画，実行して結果を振り返るというプロセスから学ぶ，という点において，プロジェクトは実施したチューターたちに自信と学びを深める経験を与えているといえるのではないでしょうか。

3.　　日常のLLC管理運営業務（現場）

LLCには通常14名のチューターが雇用され，それぞれ2人のチューターが1コマ90分〜120分間のシフト制で常駐しています。そこではLLCを利用する学生の入退室管理，教材貸し出しの対応，そしてチュータリングなどを行っています。LLC業務はほとんどすべて英語で行っています。その理由は2つあります。まず，世界共通語としての英語を使用することで，学内に英語体験できる空間を提供していることです。次に，LLCは学生チューターとして日本人だけでなく留学生も雇用しています。彼らのほとんどは日本語と日本語文化を学ぶために来ていますが，英語圏でない韓国，台湾，中

国，ベトナム，タイなどのアジアの国や北米ブラジルやペルーから
の留学生が多いのが本学の特徴です。共通語は日本語なのですが，
日本語よりも世界共通語として英語が強い学生も多いことから英語
使用を強く推奨しています。自身の母語ではない英語で他の学生を
支援することは，とても大きなチャレンジでもありますが，そのよ
うなチューターたちに感化され，次のチューターに応募するという
良い連鎖も生まれています。

4.   担当業務の割り当て

このように，LLC は学生主体となって運営している学習支援センタ
ーですが，日常の業務以外に，自身の才能を使ったあるいは伸ばす
ために担当業務の割り当てを行っています。例えば令和 2 年度後期
の割り当て業務には PR，ウェブサイト管理，環境と教材の３つの
担当業務があり，それぞれ 4 ～ 5 名ずつの担当に分かれています。
各グループが自分の担当業務に責任をもって行うことで，LLC の宣
伝，ウェブサイトの更新と情報発信，そして LLC 内の環境整備や
教材管理などがスムーズに行われるようになっています。また，担
当者は意識的に課題を発見し，その解決のためにグループで話し合
う機会を設け，積極的に開発に携わるよう奨励されます。担当業務
は，時に学生にとって大きなチャレンジともなりますが，積極的に
学びの機会ととらえるチューターは，成功を収めています。

LLC の活動

「LLC では何ができるの？」，これが次に聞きたい質問かもしれませんね。
チューターたちが陰でより効果的な支援を提供できるように努力しているこ
とをご理解いただけたと思いますが，LLC の本当の目的は，「学生が自立学
習者になることを支援する」すなわち「学び方を学ぶ」ことを支援する場所
です。学生が自分自身で答えを見出せる手助けをすることはなかなか簡単で
はないですね。答えをすぐに与える方が数倍楽かもしれません。皆さんがも

しかしたら弟や妹の宿題を手伝った経験があるとしたら，どうでしょうか。答えをすぐに与えたでしょうか。それとも答えを見出せるように導く努力をしたでしょうか。もし，後者だとしたら，それがチューターたちの行っていることと同じようなことになります。興味深いことに，人は自分で答えを求めた後に，それを得るとよく覚えることができるようです。しかもそこには達成感がありますね。チューターたちはチュータリングの中で，学習者がなるべくこの達成感を感じさせられるように導くトレーニングを毎週受けています。実際のチュータリングは，彼らが学んだスキルを実践する場となっているわけです。チュータリングの内容は課題に偏ることも多いのですが，外国語資格試験対策，特に面接の練習や留学前の外国語力向上のための会話練習など，学生のニーズにできるだけ対応できるように日々努力しています。このように，チュータリングは LLC の活動で最も大切でユニークな取り組みになっています。

　教材の利用は，自主学習を実施する上でとても役立つものですね。LLCでは多読多聴を推奨しており，レベル別のリーダーズや視聴覚教材としてCD，DVD などをそろえています。特に DVD は学生のリクエストも積極的に採用し，学生が楽しく LLC で自主学習できる環境づくりに力を入れています。最近ではオンライン教材の開発が進み，学生は自宅で自主学習を進められる環境にありますが，「課題」という目標を与えることで，学生に自主学習あるいは課外活動による語学学習向上できるように，と授業連携で教材の利用を促す先生方もいらっしゃいます。その他の教材として，外国語のゲームや日本語学習者である留学生のための日本語教材，そして本学で提供しているあるいは提供したことのある外国語の教材もいくつかそろえています。

　LLC は異文化交流の場としてもユニークな役割を果たしています。留学生や留学から帰国した学生が雇用されることで，独自の文化あるいは留学での異文化経験を伝えるプロジェクト（ワークショップ）を開催しています。留学生同士で自国の言語と文化を紹介したり，留学帰国後の体験をシェアする

ことは，留学を希望している学生の準備や心構えのサポートになっています。実際にワークショップに参加した後，留学を決意し，留学する学生もいます。

LLC 活動で見えてくること

　上記の活動は，2011 年ごろまでに確立されて現在まで実施されている活動になります。さて，ここで 2017 年に実施した「LLC 意識調査」の結果（笠村 & Diop, 2018）から LLC の活動を統計的な視点と利用した学生たちの声の中に見て行きましょう。

2017 年度前期に全学 2,052 名中外国語関連授業を受講している 652 名の学生とその授業を担当している教員 40 名を対象に LLC の意識調査を実施しました。回答者（625 名）は約半数の 53％が 1 年次であり，次いで 31％の 2 年次でした。主な LLC の利用目的は「課題」が 49％となっており，LLC は授業連携によって多く活用されている結果となりました。これは当学期だけではなく，近年でも同様の結果が見られ，学習センターの利用率は授業連携に大きく依存していることがわかります。比較して「自主学習」ですが，18％となっており，低い数字に見えますが，実は自立した学習者は，実際に学習センターを活用せずとも，自主学習を別の場所で実践している可能性も考えられます。ここにある自主学習の内容をさらに詳しく調べることで，LLC でなければできない自主学習，それは何か，その問いの答えを知ることで学生のニーズを知ることができそうです。

　次に，LLC の雰囲気についての回答は 652 名中 467 名（70％以上）が「（とても）良い」と回答していた。表 1 は，回答者 652 名中で挙がった 68 件のコメントをまとめたものです。このコメントは全体回答者の 10％ではありますが，ここからわかるのはポジティブなイメージとしてフレンドリーで楽しいイメージ，静かで集中できるなどが挙げられています。しかしながら，中には LLC に居づらいあるいは外国語，特に英語学習に関して積極的でない学生にとっては少々落ち着かない雰囲気のようです。確かに苦手な科

目を扱っている場所は，あまり行きたくないのは自然な感情だと思います。(LLC の雰囲気について表 1 参照)

　教材については 62％が「(とても) 良い」と答えています。特に利用されている教材は書籍が最も多く，次に PC 利用となっていました。書籍は多読多聴の貸出で人気があるため，多く利用されていることから，そのような結果となったと思われます。

　チュータリングに対しての回答は，全回答者の約半数の 51.2％がチュータリングを実

表1.　LLC の雰囲気について

LCC の雰囲気についてコメント	件数
フレンドリー（楽しい）	13
静かで集中できる	11
入りやすい	4
よい	5
語学力向上心が高まる	5
楽しい	3
くつろげる（落ち着いている）	2
仲間の一致が感じられる	3
清潔	1
LLC 大好き	1
小計	48
入室しづらい	6
外国人が多くて行きにくい	3
長いしづらい	2
チュータリングは別室が良い	2
スポ健には入りづらい	2
小計	15
わからない（議当外）	5
合計	68

＊笠村＆ Diop（2018）から抜粋

際に受けたことがあり，チュータリングの満足度について回答しています。71％の回答者がチュータリングの方法について「(とても) 良い」と回答しています。コメントの件数をまとめた表（表 2. チュータリングの方法について）によると合計 67 のコメント中 56 件のポジティブなコメントがありました。「わかりやすい」「丁寧・親切」など，チューターの頑張りが見えるコメントがありますが，一方で「チューターによって差がある」や「日本語での説明が十分ではない」など，個人のチュータリングの相性や語学力のコミュニケーション能力の差（チューターと利用者間）による課題などが見えます。そのようなコメントがあっても，全体的には「悪い」「とても悪い」の回答がなかったことは評価できるところではないでしょうか。

最後に教員アンケートの結果ですが，40名の外国語担当教員にご回答いただきました。まず，課題の種類としては「会話練習」が多く，留学生あるいはその語学を得意とする学生の才能を生かした活動ができるLLCならではの利点を活用しているのがわかります。その他，読み方の練習（発音とイントネーション），視聴覚教材の利用，発表の準備，読解支援や英文添削となっていました。LLCで提供可能なすべてのサービスを活用いただけることは，とても嬉しいことです。さらに，このアンケートでは，「LLCは学生にとってどのくらい意義があると感じますか。」という質問をし，教員の皆さんが感じているLLCの意義について回答していただきました。結果は「100％」意義があるとの回答が60％，「75％」意義があるが35％の回答でした。その理由として表4に書かれていますが，教員の皆様は様々な観点からLLCは学生にとって意義深い場所であるとコメントしています。これらの結果から，LLCは利用者にとっておおかた役に立つセンターであり，その存在について外国語担当教員も意義を認知していることがわかります。これらの結果は「意識調査から見る言語学習センターの現状と課題」（笠村 & Diop，2018）からの抜粋でした。

さて，いろいろな成果を観てきましたが，実際にそこで活動を運営しているチューターたちはどのように感じているのでしょうか。

津嘉山（2011）の報告（表4のコメント）から，LLCの経験はチューターたちにとって，留学生と共に働く珍しい機会に恵まれた経験だったことや学生主

表2．チュータリングの方法について

チュータリングについてコメント	件数
わかりやすい	20
楽しい	4
丁寧・親切	16
外国語を学ぶ意欲を向上させる	2
チュータリングのスキルがある	9
親しみを持てる（フレンドリー）	3
良い	2
小計	56
教え方がうまくない	1
日本語での説明が不十分	2
チューターによって差がある	1
初心者向けにもっと工夫がほしい	1
予約したチューターではなかった	1
小計	6
関連のないコメント	5
合計	67

＊笠村 & Diop（2018）から抜粋

表3.　LCC が必要な理由　＊英語のコメントは筆者が翻訳

1.	いろいろな授業があるので，今学んでいる語学に加え，LLC を通して他の言語にも興味を持つことができるのではと考えます。
2.	語学力だけではなく，文化に触れる場所でもあると思う。
3.	名護には大学の補助的なダブルスクールがないため。
4.	大学における外国語習得の雰囲気作りに最適な環境であると考えます。
5.	自学学習の機会が増える。モチベーションアップ。
6.	韓国語の場合，1クラス35名以上なので授業でみんなが練習できないところも多いと思います。その際LLCの中だと一緒に会話の練習ができれば学習に役立つと強く考えております。
7.	支えあって学ぶことに意義がある。
8.	やはり留学生の学習に大変役立つと思うからです。
9.	教材を使って自習ができるから。
10.	学生主体で活動できる素晴らしい学びの場であるため。
11.	学生が多角的に言語を学習できるチューター制がよい。
12.	英語の得意な学生や留学生の受け入れの場所にもなっており，まあ英語学習を学生間でできる場所となっている。
13.	教室内だけの学習では不十分だと思いますので LLC と言う教育機関が必要だと思います。
14.	特別な場所です（It's a very special place）
15.	名桜大学に入学する多くが語学力を伸ばしたいというニーズがあるので。
16.	学生にとっても助けになる場所だから。（9件）
17.	コミュニケーションの場である。
18.	英語が苦手な人にとって大切だから。（2件）
19.	英語を学ぶことは大切だから。
20.	（LLC が）あると名桜大学全体の英語力が上がると思うから（2件）
21.	学生にとって学生支援を受けられる場所が必要だから。

＊笠村＆ Diop（2018）から抜粋

体の LLC でマネージメント能力やコミュニケーション能力を鍛える経験だったことが伝わってきます。また，当初「LLC Family」という言葉がチューターたちの中で生まれ，LLC は小さな家族的なコミュニティーとしての学生たち，特に留学生の居場所になっていたようです。

　それから 8 年後，2019 年前期のチューターたちに，学期末の振り返りとして「LLC チューターになって一番よかったことは何ですか。」という問いから，チューターの経験から得られた利点を聞いてみました。

　表 5 のコメントからは，特に英語力が身についたと感じるチューターが多くみられます。LLC 内のルールであるすべて英語でコミュニケーションをとる，そしてすべての発表やトレーニングを英語で実践する，という経験が

影響したと考えられます。こちらでも，社会人になったとき役立ちそうな経
験ができた，とコメントしていますが，LLC は学生主体で活動しますが，サ
ークル活動と違い，雇用管理されている面もあるので，期待される目標を果
たすための行動が重視されます。この期待は管理者からはもちろんですが，
周りの同僚であるチューターたち，さらには利用者である学生からの期待が
かかっています。このプレッシャーは，ちょうどよい動機付けとなり，チュ
ーターが自身の才能を発揮しながら誰かの役に立つ，という経験を積極的に

表 4. チューター調査紙回答コメント（2011 年前期チューター 7 名回答）

チューター　質問 4. 　　　　　　　　LLC の仕事は，あなたの人生に役立つ経験になったと思いますか。
A　チューターが進化するのを目の当たりにできたことはとても意味がある経験だと感じています。
B　役立つと思います。LLC に限らず，働いた経験は役立つと思いますが，LLC はその中でもまた特別だと思いますが。留学生と文化を共有しながら，一緒に仕事できる機会はないし，日本人よりもコミュニケーションをとるのが難しくて，そのコミュニケーションの面では，すごく勉強になる。
C　LLC の仕事は人生の中でとても意味がある経験になったと思います。多くの事柄を学ぶだけではなく，外国人の友人も含めて多くの友人もできたし，特に一緒に働くチューターたちとは親しい友になれました。彼らはたくさんのことを私に教えてくれました。一緒に働けたことを本当に感謝しています。
D　かなり役立ちます。LLC で働くことは，個人の成長だけでなく，他者の成長も促す忘れられない経験になりました。
E　とても役立つと思います。私は将来日本語教師になりたいので，LLC での経験はそのためにたくさん役立つ経験だと思います。
F　コミュニケーションとマネージメントを学ぶのに最適な経験だったと思います。いろんな人との出会いはコミュニケーションスキル向上にとても役立ちました。
G　もちろんです。私は言語にとても興味がありますし，英語教師になりたいので，この経験は計り知れないほど貴重な経験となりました。また，チームの中でいつも家族の一員だと感じられたのでとてもよかった。

＊津嘉山（2012）「表 2. チューター調査紙回答コメント」から抜粋

行うことができるサイクルを生み出しているように感じます。

おわりに

　2001 年に設立され，多くのピア・ラーニングを提供してきた LLC ですが，毎年進化を期待しながら多くの業務とチャレンジをこなしています。学

表5．チューター調査紙回答コメント（2019 年前期チューター 12 名回答）

チューター　質問 18. 　　　　　　LLC チューターになって一番よかったことは何ですか。
A　英語力向上とより多くの友人をつくることができたことです。
B　より忍耐強くなりました。
C　例えば，コミュニケーションスキルや英語力などの能力を伸ばすことができました。
D　違う背景の人とコミュニケーションをとることの難しさを痛感しました。この経験は社会に出た時役立つでしょう。
E　英語力向上です。
F　教える経験が持てたことです。
G　通常の大学生活で得られないたくさんの貴重で役立つ経験をすることができます。
H　友人から英語に関してとても頼りにされたことです。
I　言語や異文化の問題に直面した時，頼りになるコミュニティーに属することができたことです。
J　実際社会で仕事を始める時，ここでの経験はとても役立つと思います。
K　コミュニケーションスキルやマネージメントスキル，そして語学力など様々な技術を身に着けることができました。
L　以前より責任感を増すことができました。

＊アンケートは英語での回答であるため，筆者が日本語に翻訳しています。

びにはいろいろありますが，同じ立場の学生チューターと共に「学び方を学ぶ」ことで，受け身だけの学びではない自身の学び方を会得する機会を広げることができます。支援する側のチューターにとっても，大きな学びとなっていることがわかります。さらに，学生主体を念頭に置いて運営活動を行うことで，チューターたちは社会人基礎力も伸ばしていると感じていることもわかります。筆者が感じるもう一つの LLC の利点は，国籍の違うチューターたちが協働運営する活動に参加することで，国際的感覚を養う機会を得ているということです。

　本稿は，主に取り組み中心にご紹介しましたが，もうすぐ 20 周年を迎える LLC として学習センターとしての効果はもちろん，チューター育成プログラムの開発や留学生とのかかわりの中で生まれるユニークな効果など，さらに研究を深め，その中で見えてくる理論や仕組みを形にし，発信していきます。

＊ LLC ウェブサイト（URL：https://sites.google.com/meio-u.ac.jp/llc/）で閲覧可能となっていますので，興味のある方は，ぜひ，そちらもアクセスしてみてください。

注
1 ）ハモニカ校舎とは 1895 年（明治 28 年）ごろ考案され，学校の標準型の教室の構造として知られています。以下の図のように，光が入る方向や鉛筆を持つ右手などの一を考慮した教室として最高の環境とされてきました。（美馬 2005, p.34）
2 ）LLC 創設者のチューター育成プログラム担当者として CRLA チュータープログラムを実際に申請し，自身も学生時代，CRLA のチュータープログラム修了証書を修得

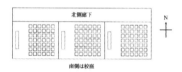

し，その保有者でもあった Stephen A. Templin 氏から筆者が直接聞いた話です。

謝辞

　本稿執筆は主に令和2年度（COVID-19 パンデミック以前）までの LLC の取り組みをまとめたものである。改組や世の中の現状により、必ずしも本稿の内容と一致しない可能性があることをご理解ください。編集にご尽力いただいた小番達先生を始め、ご協力いただいた学生および教職員に感謝を申し上げます。

参考文献

笠村淳子，DIOP Papa Moussa（2018）：意識調査から見る言語学習センターの現状と課題，名桜大学総合研究，（27），pp.157-164.

College Reading and Learning Association: https://www.crla.net/,（accessed on Oct. 30, 2020）.

言語学習センターパンフレット，2010 年度版，名桜大学言語学習センター（LLC）.

津嘉山淳子（2011）：名桜大学言語学習センターチューターハンドブック，名桜大学言語学習センター，p.13.

椿本弥生，大塚裕子，髙橋理沙，美馬のゆり（2012）：大学生を中心として持続可能な学習支援組織の構築とピア・チュータリング実践，日本教育工学会論文集 36（3），p.325.

美馬のゆり，山内祐平（2005）：「未来の学び」をデザインする，東京大学出版会，p.33-34，東京.

Feedback for the LLC program 2019-2. Google Form survey.2019 年 1 月実施.

渡辺雄貴，野田啓子，鈴木克明，美馬のゆり（2014）：ピアチュータリングによる学習支援システムの構築に向けて－ブリガム・ヤング大学ハワイ校の学習支援組織調査を例に－，日本教育工学会報告集，pp.295-298.

渡邊浩之，鈴木克明，戸田真志，合田美子（2014）：チュータリングガイドラインの開発と形性的評について，リメディアル教育研究，9-2　pp. 47-58, pp. 161-172.

地域の国際化と外国語教育
—英語習得意欲向上へのアプローチ—

玉城 本生

はじめに

　「なぜ英語を学ぶのか。」読者の皆さんは、この質問にどう答えるでしょう。

　今日、世界におけるグローバル化の急進(きゅうしん)や、文化面のみならず経済面でも国同士の往来や交流が盛栄を増し、かつ関係が複雑化してきています。2020 年より始まった新型コロナによるパンデミック（世界的流行）により限定的な期間において人の国際移動が制限されてはいるものの、日本においても外国人観光客の往来が年々増加傾向にあります。さらに、急速に少子高齢化が進み、労働力を確保するために外国人労働者の受け入れに柔軟に対応する姿勢が増しています。その外国人労働者数の増加に伴い、どの企業規模においても外国籍の雇用者数は増えているため、様々な業種や企業の職場で我々が目にする外国人が増えています（若松、2018）。また日本政府は、2019 年度に施行された入国管理及び難民認定法の改正を契機に、今後 20 万人規模で外国人労働者の増加を目標に様々な政策を打ち出しています。日本人が日常生活の中で在日外国人や外国人観光客に対峙(たいじ)する場面は日常の風景であり、今後更にその数は増え、同時に彼らとコミュニケーションを図る機会も増えていくことは容易に想像できます。そのコミュニケーションを求められる場面で対峙する在日外国人や外国人観光客は世界中から来日しているため、日本語も含め、互いの母国語を介してのコミュニケーションを図ることは容易ではありません。多くの日本人にとって海外からの観光客や国際

的な企業間交流等で、コミュニケーションを図る際に最初に使用を試みる言語は、国際共通語としての認識が高まっている英語ではないでしょうか。またその対象の多くは、アジアの国・地域の人々をはじめ、日本と同じく英語を外国語として使用する人々ではないでしょうか。

「World Englishes」という概念

　事実、世界には、英語を第二言語として使用する国を中心に、それぞれの文化や第一言語から影響を受け、独自に発達してきたさまざまな英語が存在しています。それらの存在を認め尊重する考え方が「World Englishes (Kachru, 1985)」という考え方です。その概念をもとに世界の英語を3つのサークルに分類したモデルが、Kachru（1985）が示した「Three circles of World Englishes model」です。そのモデルによると、米国やイギリスのように英語を第一言語として使用する国を the Inner circle（内側の円）、フィリピンやインド等の米国やイギリスの英語母語国によって植民地化された歴史に影響を受け、英語を第二言語あるいは公用語として使用する国を the Outer circle（外側の円）、そして日本や中国等の英語を外国語として使用する国を the Expanding circle（拡大する円）と呼び、英語使用者を3つのグループに分けて表しています（図1）。

図1 : Three circles of World Englishes model (Kachru, 1985)

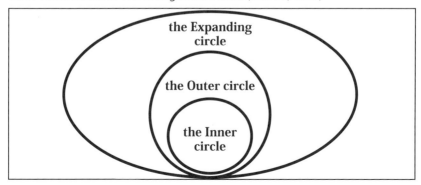

　特に今日、英語使用の顕著な拡散がみられるのは、日本のように英語を外国語として使用する国々です（Jenkins, 2009）。かつて英語話者は世界に5百万から7百万人だと言われていましたが、今や世界では15億から20億人いるとされています（Clayton & Drummond, 2018）。英語という一言語が世界の公用語としての認識を高めている理由には賛否両論、多様な意見があるものの、グローバリゼーションの進展とともに英語使用が広がりを見せているのは紛れもない事実です。その結果として今や英語母語話者よりも英語を第二言語あるいは外国語として使用する人の数が上回ってきています。前にも述べたように、英語使用の顕著な拡散がみられるのは、英語を外国語として使用する国々であるということは特記に値します（Jenkins、2009）。事実、日本においても海外からの観光客の急増や国際的な企業間交流の盛行により、英語を駆使して交流する対象は、アジアの国・地域の人々をはじめ、日本と同じく英語を外国語として使用する人々が多くなってきました。つまり、英語はそれを外国語として使用する他言語話者同士のコミュニケーションの手段（共通語）として必要とされるようになってきているのです（Jenkins, 2009）。

日本の学校教育における英語教育の位置付け

　そのような社会情勢に鑑（かんが）み、基礎的な英語運用能力の習得を目指すべくこれまで以上に日本の学校教育における外国語教育が重要視されています。まさに喫緊の課題として英語の運用能力の習得が求められていると言えるのではないでしょうか。現在日本の公立学校では、小学校中学年（3、4年生）より外国語に触れながら学ぶ機会があります。2020年度より小学校5年生から外国語が正式に教科化され、原則として英語が学ばれています。それ以前に、2011年度から小学校高学年（5、6年生）において、外国語の音声や表現に慣れ親しむこと等を目標に外国語活動が導入されました。その上で、更に「読むこと、書くこと」を学習し中学校でのより発展的な外国語学習にシームレス（繋ぎ目がないフラットな状態）に移行することを目的に正

式に教科化され、学習内容もより充実したものになってきています。具体的には、小学校5，6年生でアルファベットの読み書きに加え、一人称の一般動詞を使った文章の作成、過去の出来事を表す表現、"can" を使って三人称の文章の作成（3人称単数で用いられる動詞に『-s』をつける表現は除く）、更に目標習得英単語数は 600-700 語だとされています。その上で中学校では、より複雑な文法（e.g. 現在進行形、現在完了形、関係代名詞含む文章、"if" を含む仮定法など）や 1,200 語程度の新出英単語の習得を目指しています。その事実を踏まえて、義務教育で7年間、さらに高等学校や高等教育機関へ進学した場合、合計で10年〜14年程度、日本の学校では英語を学ぶ機会があります。読者の皆さんは、これまでどのように英語を学びそしてこれからも学び続けていくでしょうか。本稿は、地域の国際化に対応し、普段の学校教育で行われている外国語学習において、今後の外国語（特に英語）習得意欲向上に資する一考察及び視座を提供することを目的とし筆を進めてまいります。

外国語学習動機付け

　文部科学省（2017）が告示する学習指導要領によると、日本の外国語教育における目標は、「外国語を通じて言語や文化に対する理解を深め、積極的にコミュニケーションを図ろうとする態度の育成を図り、その能力を育成すること」と謳われています。つまり、コミュニケーション能力の育成が重要な目標とされています。さらには、主体的に外国語を用いてコミュニケーションを図ろうとする態度を養うこと、つまり学校での学びを自らの力に変え、能動的に運用していく能力及びその技術を習得することが求められているのです。

　外国語学習において最も重要な要素の一つは、その言語の習得を目指す意欲の維持です。今日、外国語学習動機づけ研究において権威であるとされている概念は Dörnyei（2009）が提唱する「Ideal L2 Self（第二言語を使う理想の自己）」という概念です。この概念に基づくと、英語習得を目指す上で、

「理想とする自己（Ideal L2 Self）」が「英語が使える自己」だとすれば、その動機とは、現在と理想の自己との間にある相違を埋めようとする行為・欲求であると説明されています。それまでの外国語学習において影響を与えてきたとされる「統合的動機（Gardner,1972）」の概念によると、外国語学習動機付けにおいて目標言語文化や話者に対する肯定的な捉え方やその価値観を自らに統合しようとする態度が、重要な要因とされてきました。しかし、現代のグローバル化が進む世界において、その目標とする英語の言語文化や話者を特定することは困難となってきています。Lamb（2004）は、多くの外国語文化圏の英語学習者は、特定の英語文化圏に統合したいという欲求は失いつつも、「国際言語」としての英語を身につけたいとする動機が高まっていると指摘しています。さらに、Yashima（2002）は、特に日本における英語学習者は特定の言語集団ではなく、その言語を使って「国際社会」と関わりたいとする動機を有するとしています。つまり、英語を使用する理想の自己（Ideal L2 Self）が国際社会の中でどのように他者とコミュニケーションを図るかということをイメージすることが、英語学習の動機づけに大きな影響を与えるとされています（Yashima, 2009）。

英語教科書

　ここで日本の学校で行われている外国語学習がどのように実施されているか、また外国語習得に向けた何かしらの意欲向上を促す手立てがあるのかを検討いたします。学校教育は、文部科学省の学習指導要領に準拠した教科書を主たる教材として行われており、その位置づけは非常に重要です。著者は、外国語習得の意欲向上を促しその言語を駆使したコミュニケーション能力を育成するという目標を達成するために、外国語の授業で教科書の内容を有効に活用してどのような手立てを創出できるかという課題を念頭に、授業を展開する上で主たる教材である中学校英語教科書のコミュニケーション設定場面の検証を行いました。その結果、以下の事項が確認されました。一つは、教科書中のコミュニケーション場面は英語を母語とする者及び英語を第

一言語として使用する者を中心に構成されていることです。これは英語という言語は英語母語話者とのコミュニケーションに使用する言語であるというイメージを強くしている要因となっています。言い換えれば、英語を第二言語あるいは公用語として使用する国や、日本と同様に英語を外国語として使用したり学んだりする国出身者とのコミュニケーションで使用する言語としても活用できると認識するのは容易ではないということです。二つ目は、教科書中のコミュニケーション場面に登場する人物設定は、世界にはさまざまな英語の変種があり、それぞれを一つの言語としてその存在を尊重しようとする World Englishes（Kachru, 1985）の考えが反映されているとは言えません。学習指導要領（文部科学省、2017）では、英語の学習を通して、自国も含め世界の人々やその背景にある文化に対する関心を高め、理解を深めようとする態度の育成が必要であるとされています。更に、現代世界において様々な国や地域で使用されている英語の広まりを考えたとき、日常的に英語を使用する人とは異なる英語に触れる機会をもつことは、生徒にとって重要である（文部科学省、2017）、とも記されています。英語を第二言語あるいは公用語として使用する国々で使用されている特徴的な表現等が全く触れられていません。英語を母語あるいは第一言語として使用する者と比較すると、教科書中では明らかにその存在は薄いと言わざるを得ません。三つ目に、英語を母語あるいは第一言語として使用する者としての編成が、アメリカ人を中心に行なわれているということです。明らかにアメリカ人の登場率が高く、過半数を超えています。先に記述した World Englishes の観点も踏まえ、言語使用に対するイメージが偏る可能性が懸念されます。音声指導に関して、学習指導要領（文部科学省、2017）では、「現代の標準的な発音」を指導するとしているが、その定義は、「特定の地域やグループの人々の発音に偏ったり、口語的過ぎたりしない、いわゆる標準的な発音」とされています。しかし実際の教科書中のコミュニケーション場面における登場人物設定の観点によると、アメリカ人の使用する英語を中心に「現代の標準的な英語」として編集されているとみなされる現状が確認できます。四つ目に、教

科書中のコミュニケーション場面は限られた国や地域の出身者で構成されています。世界には 190 余の国や地域があり、多くの国や地域で国際共通語としての英語習得の重要性が高まっており、事実、英語を外国語として話す人口は急激に拡大しています。最後に、英語学習者が習得をめざして外国語学習意欲をたかめるための Ideal L2 Self（理想の自己）の概念が反映されているとは言い難い点が挙げられます。外国語として使用する国同士のコミュニケーション場面がわずかしか設定されていません。現在の我が国の現状、世界の情勢を考慮したとき、異文化出身者同士のコミュニケーションの手段として多用されるのは英語です。まさに、Kachru の Three circle model of World Englishes における the Expanding circle に分類される日本と同様に英語を外国語として使用する国出身者同士のコミュニケーションの機会が急増しているのが現実です。学習指導要領が掲げる実践的で実用的な言語運用能力の習得を目指す上で、教科書を主たる教材として行われる学校での授業で、現実社会につながるイメージを提供することは重要です。もはや英語はその言語を母語あるいは第一言語として使用する者とのコミュニケーションに使用される以上に、むしろ英語を外国語として使用する者同士のコミュニケーションでの必要性が高まってきており、そのような機会も急激に増えています。その具体的なイメージを提供する上で、教科書が担う役割は重要です。

　既述のように、今日の生活の中で英語使用場面とは必ずしも英語圏の人たちとのコミュニケーション場面だとは限りません。日本においては、周辺アジア諸国から訪日する外国人労働者や急増する世界各国からの観光客など、日本と同様に英語を外国語として使用する国の人々とのコミュニケーションの場面が多く存在しています。

　日本の外国語教育が目標とする積極的なコミュニケーションを図ろうとする意思や主体的にその言語を運用する能力の伸長を目指すには、それに対する動機づけは重要な役割を担っています。英語学習において、英語を使う将来の理想の自己（Ideal L2 Self）を具体的にイメージさせることは効果的で

あるとされています（Yashima, 2009）。そのイメージを引き出すために、英語学習を進める教室環境において教科書を効果的に活用することが求められているのです（玉城、2017）。学習者の実社会での英語活用場面をイメージさせるために、世界情勢やその中での我が国の立場など活きた情報を取り入れコミュニケーションの場面設定に工夫を加える必要があります。例えば、学習者に将来外国人労働者とともに働く場面をイメージさせたり、日常生活の中で外国人観光客と対峙する場面を考えさせたり、可能であれば地域資源を活かして身近に有る国際社会を体験的に学ぶ機会を設けることも有効な手立てとなり得るでしょう。

英語運用能力の育成を目指した実践活動

　地域との連携で行っている実践的英語学習の一事例をご紹介いたします。

　沖縄県によると年間約 1,000 万人の観光客が来沖し、その約 3 割（約 300 万人）が外国人だという報告があります。さらにその外国人の出身地は、多い順に台湾（約 90 万人）、中国本土（約 70 万人）、韓国（約 55 万人）、香港（約 20 万人）、その他の国や地域（約 60 万人）となっています。その中で約 6 割が中国語圏からの観光客で、約 8 割がアジア圏からの観光者となっています。そのほとんどが日本と同様に英語を外国語として使用している国です。その約 9 割の外国人観光客が、沖縄県本島北部地域（やんばる）の本部町にある沖縄美ら海水族館を訪れます。その地域資源を生かし、産官学（産：美ら海水族館、官：本部町教育委員会、学：名桜大学）連携・協働の下、地域の小中学生の英語習得を促す英語実践教育活動を行なっています。活動の概要は、3 ― 4 名ずつの小グループに編成された小中学生に大学生を 1 ～ 2 名を配置し、来園する外国人観光客へ話しかけ簡単な英会話を行う活動です。外国人観光客への声かけや英会話のサポートを大学生が行うことで児童・生徒は安心して活動に取り組むことができます。本活動には 2017 年から 2019 年の間に、各年 12 ～ 14 回実施し延べ約 850 名の児童・生徒と延べ約 300 名余の学生が参加しました。身近な地域資源を生

かした本活動を通して、児童・生徒は地域の国際化を体験的に学び、地域理
解を深化する機会となりました。さらに、教室の机上で学んだ英語を実践の
「場」で活用する機会になりました。同様に名桜大学生にとっても自らの英
語運用能力を改めて自認したり、各人がそれぞれ経験してきた英語学習を振
り返り改善につなげる機会となりました。また児童・生徒の学びを支援する
という立場から責任感と自己有用感を得、その後の英語習得活動に刺激をも
たらす体験的な「場」となりました。事前事後の児童・生徒に対する英語学
習に向かう意欲や英語活用に関する意識調査では、大きな改善を認めること
ができました。特に、自ら「尋ねたい事」「伝えたい事」を英語で表現でき
るか、との問いに対して同活動に参加した過半数の児童・生徒が「自信を持
ってできるようになった」と回答しています。特に、「相手の様子を見なが
ら臨機応変にコミュニケーションを図れるようになった」との回答は7割
の児童・生徒が改善できたと回答しています。本活動の成果としては、以下
の事が挙げられます。

- 実践を通して体験的に既習事項を活用して外国人とコミュニケーション
  の機会を得ることで、主体的に学ぶ姿勢が構築され、外国語学習意欲の
  向上が見られた
- 教室で学んだ事項を実社会で使う経験を経て、より英語活用を身近に感
  じさせることができた
- 体験的、主体的に既習事項を活用しコミュニケーションを図る中でその
  学びの定着や言葉の運用の仕方への気づきがあった
- 同活動を通して地域理解を促すことができた
- 実践を通して体験的に学ぶことで、より具体的な「英語を駆使してコミ
  ュニケーションを図る自己（Ideal L2 Self）」をイメージすることがで
  きた

　このように感想や報告書からも読み取れるように双方の英語習得意欲向上
につながる有意義な機会となりました。以下に参加した児童・生徒と大学生
の感想の一部と活動の様子を載せます。

- 自分の英語が通じたときは嬉しかった。（中学生 A）
- こちらからの声かけに対して反応がなかった時はショックだったけど、他の外国人観光客の人には大学生のお姉さんがヘルプ（声かけのサポート）してくれて、話すことができたのでよかった。（中学生 B）
- 10 組の外国人観光客に話を聞くことができた。（中学生 C）
- 質問した英語が伝わらなくてショックだったので、次はちゃんと練習して本番でできるようにしたい（中学生 D）
- 今日は準備をした質問はできたけど、今度はその場で考えて違う質問もできるようにしたい。（中学生 E）
- 私自身、中学生をサポートすることは初めての経験で良いサポートができたか不安だった。中学生の緊張しながらも挑戦しようとする姿勢に私も頑張ろうという気持ちになれた。（学生 A）
- 生徒たちが楽しそうにやっているのを見ることができてよかった。自分の英語力もまだまだだとわかったので、自分自身も積極的に行動していこうと思った。次回も生徒たちが楽しみながら活動できるように支援していきたい。（学生 B）

同活動における課題として次の項目が挙げられます。

- 同活動を継続して実施し地域の観光資源（沖縄美ら海水族館等）を活用しながら実際の外国人とのコミュニケーションの「場」を設定していく
- 実践を通して学ぶことによってさらなる学習意欲向上を図る
- 複数年活動を継続していきながら児童生徒等の学習意欲の変容を図る
- 地域の資源（ハード面）、大学の資源（ソフト面）の有効的かつ融合的

な活用により実践的英語習得者の育成を図る

・さらなる効果的な外国語学習及び意欲向上につながる活動を模索する

・深い学びを実現するためにアクティブラーニングと称される生徒・学生相互の学び合い及び教え合い等、体験的な学びを構築する

・外国語を体験的に学ぶとはどういうことか、それを主体的・能動的に運用、活用するためにどのような手立てが可能かを模索する

おわりに

今後さらに、地域資源等を有効に活用した実践的なコミュニケーションスキル習得、向上に向けた機会を構築していくことが求められています。またコミュニケーション場面を通して、英語を使用している世界の人々やその背景にある文化に対する関心を高め、学習者にその多様性に着目させ、さらに理解を深めようとする態度を養っていくことも国際社会を理解するために重要なことです。今後そのような分野での研究と、実社会で運用できる能力の習得を促すような実践的かつ主体的に活用する場面を意図的に創造することが外国語学習に求められており、そのような機会の連続性がその習得を促し実社会で活用できる技能の獲得につながるのではないでしょうか。

皆さんは「なぜ外国語を学び」、そして「そのスキルの獲得をどのように実現」させますか。

参照文献
※アルファベット表記にした際の順

Clayton, D. & Drummond, R.（2018）. *Language Diversity and World Englishes.* Cambridge: Cambridge University Press.

Crystal, D.（1997）. *English as a Global Language.* New York: Cambridge University Press.

Dörnyei, Z. & Ushioda, E.（Eds.）（2009）*Motivation, language identity and the L2 self* Clevedon, UK: Multilingual Matters

Deci, E. L. & Ryan, R. M.（1985）*Intrinsic motivation and self-determination in human behavior* New York: Plenum Press

Gardner, R. C.（1985）*Social psychology and second language learning – The role of attitudes and motivation* London: Edward Arnold Publishers

Gardner,R.C. & Lambert,W,E.（1972）. *Attitudes and motivation in second-language. leaning.* Rowley: Newbury House Publishers.

Graddol, D.（1997）. *The Future of English?* London: The British Council.

本名信行（2013）『国際言語としての英語―文化を越えた伝え合い―』東京：冨山房インターナショナル.

印田佐知子（2010）「英語教育における異文化コミュニケーション能力の育成―中学校英語教科書の内容分析―」『目白大学人文学研究』6, 163-180.

Jenkins, J.（2003）. *World Englishes A resource book for students.* New York: Routledge.

Jenkins, J.（2009）. Exploring Attitudes towards English as a Lingua France in the East Asian Context. In K. Murata & J. Jenkins.（Eds.）, *Global Englishes in Asian Contexts Current and Future Debates*（pp.40-56）. New York: Palgrave Macmilan.

Kachru, B. B.（Ed）.（1982）. *The Other Tongue English across Cultures.* Illinois: University of Illinois Press.

Kachru, B. B.（1985）. Standards, codification and sociolinguistic realism: the English language in the outer circle. In R. Quirk & H. G. Widdowson（Eds.）, *English in the World.* Cambridge: Cambridge University Press.

Lamb, M.（2004）. Integrative motivation in a globalizing world. *An International Journal of Education Technology and Applied Linguistics.* 32. 3-19.

小島英夫・尾関直子・廣森友人（2010）『成長する英語学習者―学習者要因と自律学習―』東京：大修館書店

文部科学省（2017）『小学校学習指導要領解説　外国語活動編』東京：開隆堂

文部科学省（2017）『小学校学習指導要領解説　外国語編』東京：開隆堂

文部科学省（2017）『中学校学習指導要領』京都：東山書房

玉城本生（2017）「World Englishes の視点から検証するコミュニケーションにおける理想の自己像―中学校英語教科書の検証を通して」『沖縄英語教育学会紀要』15, 83-108.

若松絵里（2018）『中小企業のための外国人雇用マニュアル』東京：ベストブック

Yashima, T.（2002）. Willingness to Communicate in a Second Language: The Japanese EFL Context. *The Modern Language Journal.* 86. 54-66.

————（2009）*International posture and the Ideal L2 Self in the Japanese EFL context* Clevedon, UK: Multilingual Matters

八島智子（2004）『外国語コミュニケーションの情意と動機』大阪：関西大学出版部

The Benefits of Becoming Bilingual

Tan Eng Hai

Introduction

Humans are social beings, we have a need to communicate and connect with others, and language plays a vital role in enriching this human connection. We use verbal and non-verbal languages as means of communication, we retrieve and convey information of the world by using language as a tool. Although every species communicates, humans are the only ones that have mastered a communication system made up of sets of written, verbal and non-verbal symbols to facilitate complex expressions and interactions.

Language enables thought processes that allow us to function efficiently and relate meaningfully to each other. With language, we are able to communicate with greater precision, to express ideas, thoughts, and feelings. So, does the language we speak affect the way we think? Are all humans capable of thinking in a similar way, regardless of the language we use to convey our thoughts? These are among the most intriguing questions that have perplexed philosophers, psychologists, linguists and neuroscientists alike for centuries.

In this chapter, we are going to examine three broad themes related to learning a new language, in this case, English. Firstly, we will look at how speaking a second language may change the way we see the world. Secondly, we will explore the possible benefits of being a bilingual. Finally, we shall look at the stages of second language acquisition and the motivation behind learning a second language.

1. How speaking a second language may change the way we see the world

Language and time

This structured system of communication we call language is so deeply embedded in almost every aspect of the way we interact with the world that it is impossible to imagine what life would be like without it. Are words just labels for objects? And are different languages just different strings of sounds attached to things? Obviously, it is more complex than that. It is now suggested that people who speak different languages may have different views of the world. And research has found that speaking in a second language on a regular basis can make you literally see the world in a different way. Or, more fundamentally, perhaps we could only perceive aspects of the world for which our languages have words. Imagine you are eating a bowl of noodles and after you had finished it, you said in Japanese, "美味しかった" (oishikatta) or in English, "it was delicious": the past tense denotes the completion of the event. And if you are still in the midst of savouring the bowl of noodles, you would say, "美味しい" (oishii), and in English, "it is delicious." Japanese has tense markers for adjectives and English has "be-verbs" to mark the tenses. However, Mandarin Chinese does not have grammatical markers of tense. The time, whether past, present or future, at which the action is taking place can only be indicated by expressions of time or may simply be inferred from the context. Both "美味しかった", and "美味しい" are the same in Chinese: "很好吃" (hěn hào chī). Since Chinese has no tenses, speakers of Chinese would have to focus more on contextual cues to determine the completion of the event compared to speakers of languages which have tense markers. Hence, depending on the language we speak, our focus of the discourse may shift.

Language and numerals

Now, let us look at the language we use in Mathematics. What language would you use when counting, your native or second language? When engaging in mathematical tasks, most people tend to count in their native language. The language we use for mathematics does affect the way we learn. It was found that English-speaking children learn to count later than Chinese-speaking children because English numbers are less regular and transparent compared to Chinese numbers. In fact, one explanation for the relatively high mathematical performance of East Asian children is that their language has a highly transparent counting system (Miura et al., 1993). English has words that are unique to numbers, such as 11 (eleven) and 12 (twelve) while Chinese (including Japanese and Korean, among other languages) has words that can be translated as "ten-one" and "ten-two" respectively. "Eleven" is literally written as "ten-one" (十一) and "twenty" is written as "two-ten" (二十), and it makes perfect sense that two tens give you twenty. This makes the place value (the value of the position of each digit in a number) easier to understand and makes it clear that the number system is based on units of 10. Studies have shown that English number names exceeding 10 cannot clearly mark the place value, while the number words between twelve and twenty, such as seventeen (17), reverse the order of the ones and "teens", making it easier for children to confuse seventeen (17) with seventy-one (71). Hence, language does affect the way we learn (Fuson & Li, 2009).

Language and space

We use a preposition of place to refer to a place or space where something or someone is located. However, the Pormpuraawans, who are from a remote

Australian aboriginal community, speak a certain language that does not carry prepositional nuance; instead, it contains rich and absolute spatial meanings. It was found that they are better able to orient themselves in space compared to English-speaking people. When referring to a distant object, they will say "the bicycle to the north" or "the house to the south", instead of "that bicycle" or "the house over there." They are more accustomed to paying attention to the cardinal points than we are because they need to know the direction in order to properly convey the position of the object in their language. Other findings by Boroditsky and Gaby (2010, p.1635) reveal "a qualitatively different set of representations of time, with time organized in a coordinate frame that is independent from others reported previously." The results show that even basic concepts such as time can vary dramatically between cultures. Therefore, in different languages, the speaker's attention is focused on different aspects of the physical or cultural environment depending on what is important to the people who speak the language.

Language and gender

We have seen how language can affect our perception of time, numerical awareness and spatial cognition. Now, let's look at how gendered languages can affect how we see the world. The world's four most spoken gendered languages are Hindi, Spanish, French and Arabic. The findings by Boroditsky et al. (2003) indicate that grammatical conventions can affect how people think about things in the world, as given in the examples.

The word for "key" is masculine in German and feminine in Spanish. German speakers described keys as *hard, heavy, jagged, metal, serrated,* and *useful,* while Spanish speakers said they were *golden, intricate, little, lovely, shiny,* and *tiny.* The word for "bridge," on the other hand, is feminine in German and masculine in Spanish. German speakers described bridges as *beautiful, elegant, fragile, peaceful, pretty,* and *slender,* while Spanish speakers said they were *big, dangerous, long, strong, sturdy, and towering* (p.70).

From the examples above, indeed, knowing another language can influence the way we look at the world and grammatical differences alone can produce differences in thoughts. Results from multiple studies also suggest that knowing second languages can play an important and yet intuitive role in perceptual framing. Language can influence our most basic senses, including our emotions and visual perception, and even our sense of time. In other words, by learning an additional language, we suddenly become accustomed to a dimension of perception that we were not aware of before. It is like listening to music from a single speaker or in stereo: by having another language, we can have another vision of the world (Athanasopoulos et al., 2015).

Language and images

We think in language most of the time, but not always. Human thought can generally be divided into two modes, the visual and the verbal. When you think about your next vacation destination and imagine sipping a glass of classic Margarita in the shade of swaying palm trees, you are probably thinking visually. If you are thinking about what you will say when making a sales pitch, you are likely to think in words and sentences. We can easily think of mental images and feelings that are difficult to describe in words. We can think of the sound from an orchestra, the shape of an alien, or the taste of dragon fruit, and none of these ideas requires language. Many artists or scientists say they do not always use language, but rather images to solve problems. There is also evidence that deaf people cut off from spoken and signed language are capable of complex thinking before they have been exposed to language (Reuell, 2017).

2. Benefits of being bilingual

Better cultural understanding

Language and culture are interwoven. Language is used to maintain and convey cultural ties, such as core traditions, values and the way people interact with each other in society. An American playwright, Rita Mae Brown, puts it aptly: "Language is the road map of a culture. It tells you where its people come from and where they are going." A specific language is usually associated to a particular group of people. When we interact with another language, we are also interacting with its culture. It is impossible to fully understand a culture without accessing the language of that culture. Proverbs are a good place to have a peak into the cultural aspect of the people who speak them. Proverbs that belong to certain groups of people have a strong connotation that reflects the mindset of the people; they provide insights into the distinct cultural values and the way they look at life. In other words, learning a language and its proverbs helps us better understand its people and society.

Cultures can generally be placed on a spectrum between being individualistic or collectivistic. In an individualist culture, people are considered capable when they are self-reliant, assertive, and independent. On the contrary, in a collectivist culture, quality traits such as self-sacrifice, trustworthiness and generosity are greatly valued (Hofstede et al., 2010). Let us first consider a few proverbs from countries with cultures more inclined towards collectivism. Here is a Mexican proverb: "A solitary soul neither sings nor cries." It says you cannot experience joy or sadness by being alone. "Better to be a fool with the crowd than wise by oneself" is another Mexican proverb that reflects a strong commitment to collectivism. A Turkish proverb, "The sheep separated from the flock gets eaten by the wolf," is used to encourage a person to stay within the group. "Behind an able man there are always other able men," is a Chinese proverb that reflects the belief that individual success is made possible only because of the contributions of others. Mexico, Turkey and China have cultures that favour collectivism. How about the proverbs from countries with individualistic cultures? Among countries with generally individualistic cultures are the United States, Australia, the United Kingdom and Canada. The proverbs from these countries portray strong nuances on individualism, which focus on the rights and concerns of each person. Here are a few examples, "If you want to do it well, do it yourself," "He who runs alone will win the race" and "The squeaky wheel gets the grease," which means to get something fixed, it is necessary to make some noise to get the attention needed.

The English language is spoken mainly by countries with individualistic cultures and we can see the cultural differences in collectivism and individualism in the mathematical language they use too. Take the example of fractional expressions. The fraction 1/3 is read as "one-third" in English. The part, "one" (numerator) is stressed before the whole, "thirds" (denominator). It literally refers to one out of three equal parts. In contrast, 1/3 is read as "三分之一" (sān fēn zhī yī)in Chinese and "三分の一" (san bun no ichi) in Japanese, which literally means "out of three parts is one from." Here, the "whole" takes precedence over the "part," which is a key characteristic of collectivistic cultures, where the interest of the community (the whole) is prioritised over that of the individuals (the part). Unity and selflessness are valued traits reflected in collectivist cultures, whereas independence and personal identity are highly emphasized in individualistic cultures, and such cultural norms are embedded even in the mathematical languages spoken by specific groups of people. Knowing an additional language opens another door into the culture and minds of the people who speak the language. It promotes mutual understanding and brings the world closer.

Art and literature appreciation

Artistic or literary works are best expressed in their original language and forms. The expressions are unlikely to be fully captured in the translated versions, and it can be misleading at times. There are many words that are unique to one language and there is no direct translation in another. Therefore, knowing a particular language allows you to appreciate and "savour" a novel, a song or a movie more in the native language and original form.

Sanders (2015) published a book, "Lost in translation: An illustrated compendium of untranslatable words," which captures the meanings of words from various languages that cannot be translated. The Japanese word, "tsundoku" (積ん読) is one of them, it means "leaving a book unread after buying it, typically piled up together with other unread books." An Inuit word, "iktsuarpok," depicts an action that we are all familiar with. It literally means, "the act of repeatedly going outside to keep checking if someone or anyone is coming." Here is another Japanese word that cannot be translated. It means "the sunlight that filters through the leaves of the trees." Can you guess it? Yes, it is "komorebi" (木漏れ日), a beautifully unique word that is not found in other languages. During the time when I was learning Japanese, there was a word that I became particularly fond of, and there is no direct translation in English or Chinese. It is the kanji "峠" (touge), which refers to the boundary between the ups and downs of the mountain range. And the entire meaning is condensed into a compound character with three separate kanjis "山"

(yama, meaning mountain), "上" (ue, meaning up) and "下" (shita, meaning down). This beauty can only be experienced and appreciated through learning the language itself.

Improvements in learning and cognitive functions

Being bilingual can yield tangible and practical benefits. Bilingual people have been shown to develop better processes for acquiring knowledge and understanding through thoughts, experiences, and senses. Improvements in cognitive and sensory processing driven by bilingual experience can help bilingual people process information in the environment better, which leads to better learning. According to Kaushanskaya and Marian (2009), due to the exposure to two languages, bilinguals could better focus on information about the new language and pay greater attention to details. They have greater ease in accessing newly learnt words and hence, have an advantage in novel word learning. This could be the explanation as to why bilingual adults are better at learning a third language than monolingual adults learning a second language. In addition, they are good at multitasking and problem solving. Bilingual people are better than monolingual people in switching between two tasks. For example, if bilinguals need to switch from sorting objects by colour (red or blue) to sorting them by shape (circle or square), they switch faster and with less effort compared to their monolingual counterparts (Prior & MacWhinney, 2010). This shows that bilinguals have better cognitive control than monolinguals when changing strategies.

Research has shown that bilingualism reaps cognitive benefits associated with better memory, visual-spatial skills, and creativity. It is also observed that bilingual people have an improved metalinguistic awareness, which is the ability to recognize language as a system that can be manipulated and explored, and this gives them an advantage in learning an additional language (Diaz & Klingler, 1991). It was also found that bilinguals are more flexible thinkers and going back and forth between different languages on a daily basis benefits learning and multitasking. In addition, there is evidence to suggest even long-term mental well-being benefits (Bylund & Athanasopoulos, 2017).

Protection against age-related decline

The benefits of bilingualism seem to extend to older adulthood too, it appears to provide a means of preventing the natural decline of cognitive function by maintaining the so-called "cognitive reserve." In short, cognitive reserve refers to the efficient use of brain networks to enhance brain function during aging. Bilingual experiences may have contributed to this reserve by keeping the cognitive mechanisms strong, thus helping to employ alternative brain networks to compensate for those that deteriorated due to aging. Therefore, it can be said that older bilinguals can enjoy improved memory and executive control compared to older monolinguals (Schroeder & Marian, 2012).

3. I want to be a bilingual

Which categories of English speakers do I belong to?

There are three categories of English speakers: those who speak it as a first language, those who speak it as a second or additional language and those who learn it as a foreign language. In the case of Japan, most Japanese fall under the third category if their home language is Japanese. If you are a native Japanese and you chose to read this chapter, which is the only chapter written in English, and you're reading it with understanding till this point, then you belong to the greater half of the world population who are bilingual.

Why do I want to be a bilingual? What is the purpose of learning a foreign language? The answer to this question will largely determine the motivation in acquiring a new language.

Do I belong to the majority or minority?

In fact, it has been estimated that probably more than half of the world's population is bilingual or multilingual. Although there is no official data regarding the percentage of native Japanese-English bilinguals in Japan, based on my personal experience and daily encounters with Japanese friends and colleagues, the general perception of those who have a near-native level of fluency is estimated to be less than 5%, with the majority of them coming from industries such as academia, tourism and others that require the use of English. But what about the percentage of Japanese who have basic conversation skills, people who have enough English to get by when travelling or sightseeing in English-speaking countries? According to Lai (2017), in a Rakuten's survey of 1000 Japanese men and women aged between 20 and 69, 69.9% of them felt they were either "poor or very poor" at English, with only 8.7% responding that they felt "good or very good" about their English ability and the remaining replying they "do not know / cannot say either way." Out of the 8.7% who expressed confidence in using English, it was found that the main situations in which they used English were:

Travelling abroad

Singing English songs

Regularly interacting with foreign people

Reading English books and newspapers

Everyone has different motivations in learning a foreign language. What is your motivation in learning English? If you are reading to this point, I believe you have a high motivation in learning English and you probably belong to the minority, the 8.7% of the Japanese population.

Step by step

Where do I go from here? Think of learning a new language as conquering a mountain or a series of mountains, step by step, and there is no shortcut like taking a gondola lift to the summit. The journey can be described with the kanji we came across earlier, "峠" (touge), there will be ups and downs. The curve of the slope can be steeper than you have expected, and the weather may make the path beneath your feet soggy and slippery. You purchase all sorts of equipment and guidebooks, you engage a trainer to prepare you physically and you hire experienced guides (tutors). But in the end, it is you and your mountain, you are on your own and you have to take a step at a time to reach the goal of fluency (at the top of the mountain). You feel exhausted at times, lonely, unsupported, discouraged and the mountain top may appear so distant and unreachable. And you begin to doubt yourself and become disillusioned with the conclusion that "I will never be able to conquer this summit." In fact, the mountain will be easier to climb if you are residing in a country where the use of English is a daily phenomenon. However, the truth is, it is not easy to be a bilingual in a monolingual society like Japan; you have to deliberately create opportunities for yourself to use the language. When you get to the point where you are behaving nonchalantly towards your goals and you are on the verge of giving up, it is time for you to have a dialogue with yourself and be reminded of the words from the author of "Life's Little Instruction Book," Harriett Jackson Brown Jr., who says,

"Never make fun of someone who speaks broken English.
It means they know another language."

You need to tell yourself that you do not have to be perfect, you just need to be understood. There are more non-native English speakers than native speakers in the world, and the chances are, you will interact with non-native English speakers more often than you do with native speakers (Graddol, 1997). The strongest motivation to language learning is simply the desire to learn. However, there are some possible contributing factors that affect the way you learn a second language:

> If you speak one language at home and you have friends at school or at work who speaks a different language.
>
> If your native language is full of foreign words.
>
> If you live in a country influenced by other cultures and languages.
>
> If you live in a country with open borders with other nations speaking different languages.
>
> If you love languages and are willing to dedicate time learning them.
>
> If you have the ability to learn and memorize new words quickly and effortlessly.
>
> If you have interest in grammar and attention to detail.

When learning a new language or doing anything per se, it is important to ask yourself these three questions: "What do I want?" The answer to this question will give you direction; you need to know what you want and have a clear goal. The second question is, "Why do I want it?" The answer to this question will give you motivation and when the journey gets tough you will have the reason to hang on and not give up. The final question is, "How do I get it?" The answer to this question will guide you in devising an action plan to help you achieve your goal.

Stage by stage

Next, let us look at the stages students go through when learning a second language. Students move through five predictable stages: Preproduction, Early Production, Speech Emergence, Intermediate Fluency, and Advanced Fluency (Krashen & Terrell, 1983). Table 1 gives you a good description of the stages you could possibly be at. How quickly a student progresses through the stages depends on many factors, such as the level of formal education, family background, and length of time exposed to the language.

It is important that you and your teacher know which stage you are at to make sure that the materials you use are not too easy or too difficult for you. Your learning experience needs to take place within the zone of proximal development (ZPD), that is the range between what you can do on your own and what you can with the help of more knowledgeable individuals (Vygotsky, 1978). Here is a list of goals you can set for yourself at each stage.

1. Preproduction stage: You are able to answer by pointing at pictures in the book.

Show me the wolf. Where is the house?

2. Early Production stage: You are able to answer with one or two words.

Did the brick house fall down? Who blew down the straw house?

3. Speech Emergence stage: You are able to answer "why" and "how" questions with short sentences.

Explain why the third pig built his house out of bricks. What does the wolf want?

4. Intermediate Fluency stage: You are able to answer "What would happen if ⋯" and "Why do you think ⋯" questions.

What would happen if the pigs outsmarted the wolf? Why could the wolf blow down the house made of sticks, but not the house made of bricks?

5. Advanced Fluency stage: You are able to retell the story, including main plot elements but leaving out unnecessary details (Hill & Flynn, 2006).

Table1: Stages of Second Language Acquisition (as cited in Hill & Flynn, 2006, p.15)

Stage	Characteristics of the student :	Approximate duration of specific language acquisition	Sample tiered question prompts
1. Preproduction	• Has minimal comprehension • Does not verbalize • Nods "Yes" and "No" • Draws and points	0 - 6 months	• Show me... • Circle the... • Where is... • Who has···
2. Early Production	• Has limited comprehension • Produces one- or twoword responses • Participates using key words and familiar phrases	6 months - 1year	• Yes/no questions • Who, what and how many questions • Either/or questions
3. Speech Emergence	• Has good comprehension • Can produce simple sentences • Makes grammar and pronunciation errors • Frequently misunderstands jokes	1 - 3 years	• Why... • How... • Explain... • Questions requiring a phrase or shortsentence answers
4. Intermediate Fluency	• Has excellent comprehension • Makes few grammatical errors	3 - 5 years	• What would happen if... • Why do you think... • Questions requiring more than a one sentence response
5. Advanced Fluency	• Has a near-native level of speech	5 - 7 years	• Decide if... • Retell...

Adapted from Krashen and Terrell (1983)

Conclusion

I hope you have taken a deeper interest in learning English or other second languages after learning the potential benefits of being a bilingual. English is one of the six official languages of the United Nations, the other five languages are Arabic, Chinese, French, Russian and Spanish. The most commonly used language on the internet is English and there are more English websites on the world wide web than in any other language. There are more than 100 countries in the world where English is used to a certain extent. Undeniably, by acquiring the English language, more doors of opportunities will be open to you and I am sure your life will be greatly enriched with the knowledge of an additional language. Keep climbing the mountain, keep speaking and keep learning.

Those who know nothing of foreign languages know nothing of their own.
Johann Wolfgang von Goethe

References

Athanasopoulos, P., Bylund, E., Montero-Melis, G., Damjanovic, L., Schartner, A., Kibbe, A., & Thierry, G. (2015). *Two Languages, Two Minds. Psychological Science*, 26(4), 518–526. https://doi.org/10.1177/0956797614567509

Boroditsky, L., & Gaby, A. (2010). Remembrances of Times East: Absolute Spatial Representations of Time in an Australian Aboriginal Community. *Psychological Science*, 21(11), 1635–1639. https://doi.org/10.1177/0956797610386621

Boroditsky, L., Schmidt, L. A., & Phillips, W. (2003). Sex, Syntax and Semantics. In D. Gentner & S. Goldin-Meadow (Ed.), *Language in Mind: Advances in the Study of Language and Thought* (pp. 61-79). Cambridge: MIT Press.

Bylund, E., & Athanasopoulos, P. (2017). The Whorfian time warp: Representing duration through the language hourglass. *Journal of Experimental Psychology: General*, 146(7), 911–916. https://doi.org/10.1037/xge0000314

Diaz, R., & Klingler, C. (1991). Towards an explanatory model of the interaction between bilingualism and cognitive development. In E. Bialystok (Ed.), *Language processing in bilingual children* (pp. 167–192). Cambridge: Cambridge University Press.

Fuson, K., & Li, Y. (2009). Cross-cultural issues in linguistic, visual-quantitative, and written-numeric supports for mathematical thinking. *ZDM - International Journal on Mathematics Education, 41*(6), 793–808. https://doi.org/10.1007/s11858-009-0183-7

Graddol, D. (1997). *The future of English? A guide to forecasting the popularity of English in the 21st century.* London: British Council.

Hill, J. D., & Flynn, K. M. (2006). *Classroom instruction that works with English language learners.* Association for Supervision and Curriculum Development.

Hofstede, G. H., Hofstede, G. J., & Minkov, M. (2010). *Cultures and organizations: Software of the mind.* New York: McGraw-Hill.

Kaushanskaya, M., & Marian, V. (2009). The bilingual advantage in novel word learning. *Psychonomic Bulletin and Review, 16*(4), 705–710.

Krashen, S. D., & Terrell, T. D. (1983). *The natural approach: Language acquisition in the classroom.* Taipei: Wun-Ho Publisher.

Lai, S. (2017, September 14). *Bilingualism in Japan: Why Most Locals Don't Speak English (Part 1).* Mitsue-Links. https://www.mitsue.co.jp/english/global_ux/blog/201709/14_1700.html

Miura, I. T., Okamoto, Y., Kim, C. C., Steere, M., & Fayol, M. (1993). First graders' cognitive representation of number and understanding of place value: Cross-national comparisons: France, Japan, Korea, Sweden, and the United States. *Journal of Educational Psychology, 85*(1), 24–30. https://doi.org/10.1037/0022-0663.85.1.24

Prior, A., & MacWhinney, B. (2010). A bilingual advantage in task switching. *Bilingualism: Language and Cognition, 13*(2), 253–262.

Reuell, P. (2017, May 12). *The power of picturing thoughts.* Harvard Gazette. https://news.harvard.edu/gazette/story/2017/05/visual-images-often-intrude-on-verbal-thinking-study-says/.

Sanders, E. F. (2015). *Lost in translation: An illustrated compendium of untranslatable words from around the world.* London: Square Peg.

Schroeder, S. R., & Marian, V. (2012). A bilingual advantage for episodic memory in older adults. *Journal of Cognitive Psychology, 24*(5), 591–601.

Vygotsky, L.S. (1978). *Mind in Society.* Cambridge, MA: Harvard University Press.

数学的リテラシーの育成を目指した
名桜大学における数学教育の実践

高安 美智子

はじめに

　リテラシーとは，社会生活を営む上で必要な読み書き能力，さらには計算なども含めた基礎学力を指しています。現代の情報化社会において必要だとされている基礎学力には様々なリテラシーがあります。例えば，読解力リテラシー，数学的リテラシー，科学的リテラシー，情報リテラシー，PC 活用リテラシーなどです。また，これらの「基礎学力は，教育課程に反映させ学校教育の中で身に付けさせなければいけない能力[1]」とされています。

　そこで，「大学教育における数学教育はどうあるべきか」を模索し，数学教育における社会生活で必要とされる数学的リテラシー育成をテーマに文系の教材開発及びその指導について研究をしています。

　さらに，数学基礎力に困難を抱える学生の指導を通して，その指導法の改善の必要性を痛感するようになりました。そこで，本県北部地域の教育課題について地域の小学校，中学校の数学教員との共同研究にも取り組んできました。筆者は数学教員として数学の有用性や楽しさを伝えたい，数学に秘められた美しい世界を感じてもらいたいという教材づくりに取り組んでいます。さらに，大学の授業では，人間が本来持って生まれた資質や能力を，可能な限り引き出し育てるという数学教育の本質的な目的を実現したいという思いで教壇に立っています。

　本稿では，数学教育の必要性の共通理解及び大学教育における数学リテラシーの育成を目指した教育の実践について紹介したいと思います。

I　数学教育の必要性の認識

1．校種による「算数」「数学」の好き嫌い

　2017 年度に学研教育総合研究所が行った小・中学生の好きな教科，嫌いな教科の調査結果[2] では，好きな教科と嫌いな教科のトップはいずれも算数・数学となっています。2018 年に行った高校生対象の調査結果[3] も同様でした。つまり，数学を好きな人はとても好き，嫌いな人はとても嫌いと好き嫌いがはっきりしている教科であると言えます。高校生の嫌いな教科について見ると全体では，1 位は数学，2 位は英語となっていますが，男女別に見ると男子の嫌いな教科 1 位は英語，2 位は数学で，女子は 1 位が数学，2 位が英語となっており，数学は英語とともに嫌いな教科であることが分かります。

　数学は，系統性の強い教科であり，中学校までに数学嫌いとなった生徒は高等学校，大学では，さらにその度を増すことが予想されます。その上，高等学校では文系，理系コースに分かれることが多く，数学が苦手な生徒は，文系コースを選択し，理系コースに比べて数学を学ぶ機会は少なくなります。学校によっては，高校 2 年以降数学は履修しないこともあり得ます。

　それでは，大学ではどうでしょうか。大学においては，教養教育科目として数学や統計学があります。しかし大学または専攻によっては，必ずしも履修しなくてもよい選択科目として設定されていることもあります。

　それでは，数学は社会に出たら必要とされていない科目なのでしょうか。もちろん，そういうことにはなりません。基礎学力としての数学は必要です。例えば，多くの企業の就職試験において SPI（Synthetic（総合的な）parsonality（個性・性格）inventory（評価）の略」という適性検査[4] を受けます。そこで測定される検査の一つに非言語能力の検査があり，その中では計算力や図表の読み取り，論理的判断力等の数学的能力が試されるのです。それは，資料を数値化したり，統計処理をしたりするために，様々な企業や一般社会では一定レベルの数学力が必要だということです。

2．数学教育の必要性の高大での共通理解

　2016 年文部科学省は大学教育における数理・データサイエンスに関する教育強化を公表[5]しました。ところが，2012 年度に日本数学会が実施した調査では，大学生の「数学力」に課題があると指摘[6]されており，統計教育や数理・データサイエンス教育への懸念として，基礎的な数量的スキルを高めなければ，数学の問題に向き合うことすら止めてしまう現状を憂えています。さらに，2018 年 12 月に日本経済団体連合会は，大学教育に関する提案[7]を発表しました。そこには，多様な価値観が融合する Society5.0 時代には，リベラルアーツといわれる幅広い教養や，文系・理系を問わず，文章や情報を正確に読み解く力，自らの考えや意思を的確に表現し，論理的に説明する力が求められること，さらに，ビッグデータや AI などを使いこなすために情報科学や数学・統計の基礎知識が必要となることを指摘しています。そのため，文系・理系を問わず，すべての学生がこれらをリテラシーとして身に付けられる教育を行うべきであると提案しています。

　また，文部科学省は，2019 年に AI 戦略等を踏まえた AI 人材の育成を提案しました。2025 年までに数理データサイエンス・AI 教育を実施[8]し，数理系科目を敬遠してきた学生も含めて，数理的思考やデータ分析・活用能力をバランスよく修得させるような教育内容の整備を進めています。

　ところが，現状の高等学校の数学教育の多くは受験を前提としたカリキュラム編成となり，数学が苦手な学生にとっては選択を避ける科目となっています。また，コンピュータ，スマートフォン，タブレットなどの情報機器が常に手元にあり，困った時にはそれらを駆使し，大体のことが安易に解決できる環境の中にいるため，学生のエクセル活用能力がひ弱で脆いことに驚かされます。情報収集手段だけではなく，大量のデータを処理または分析するための手段としての数理的思考や ICT 活用力向上の学習が必要です。そこで高大が連携し，文系，理系を問わず，数学教育について共通理解をする必要があります。

II　大学教育における数学的リテラシー教育

1．数学的リテラシーとは

　2012 年の PISA 調査[9]（OECD 生徒の学習到達度調査）において，数学的リテラシーとは，「数学が世界で果たす役割を見つけ，理解し，現在および将来の個人の生活，職業生活，友人や家族や親族との社会生活，建設的で関心を持った思慮深い市民としての生活において確実な根拠に基づき判断を行い，数学に携わる能力」と定義されています。

　PISA は，OECD が 3 年に 1 度，15 歳の学生（日本では高校 1 年生）を対象に行う国際的な学力調査です。調査は次の 3 分野からなっています。

① 「読解力：書かれた文章を読み解き利用する力」

② 「数学的リテラシー：数学的な手法・概念で問題解決をする力」

③ 「科学的リテラシー：科学的知識や概念の理解や応用をする力」

　以上の PISA の 3 分野のリテラシーは，いずれも認知的能力と価値，態度，動機，意欲，行動特性などの非認知的要素の結合で支えられた実践的な能力と捉えられています。

　2013 年国立教育政策研究所は，「数学的リテラシーとは，様々な文脈の中で定式化し，数学を適用し，解釈する個人の能力であり，数学的に推論し，数学的な概念・手順・事実・ツールを使って事象を記述し，説明し，予測する力を含む。これは，個人が世界において数学が果たす役割を認識し，建設的で積極的，思慮深い市民に必要な確固たる基礎に基づく判断と決定を下す助けとなるものである。[10]」としています。

　つまり，数学的リテラシーとは，すべての社会人が身に付けることが求められる日常的な場面での数学の活用能力です。そこで，数学教育において，数学的リテラシー育成のために，日常的な場面と関連した数学の教材が必要になることは言うまでもありません。

2．名桜大学における数学的リテラシー教育とは

　この章では，大学学部における4年間の教育（学士課程教育という）において，大学生が身につけるべき数学的リテラシーの育成はどうあるべきか，さらに文系学生を対象とした数学教育の目的，授業デザインについて考えます。

　一般的に数学的リテラシーとは，日常的な場面で数学を活用して解を見つけ判断する力であり，必ずしも難解な問題が解ける力ではなく，義務教育で培った算数，数学の基礎力が重要となります。ところが，大学教育における数学的リテラシーでは，義務教育の学習内容に留まらず，さらに興味・感心を広げて多面的に数学の世界を捉えることや活用する力の育成を目ざした「高水準の数学的リテラシー」と表現[11]しています。

　総じて文系の学生の中には，数学が苦手な学生も少なくありません。このような学生にとっては，数学と専門分野は関係がないと捉えている者も多く，大学で苦手な数学をあえて履修しようとしないのは当然かも知れません。しかし，すべての人が身に付けることが望ましい日常的な場面での数学の活用能力である数学的リテラシーは，数学が苦手な学生にとっても身に付けることが望ましく必要であると考えます。

　筆者は、本学では「数学」と自然科学特別講義「統計学基礎」の二つの講義を開講し，次の視点から数学的リテラシー教育を推進しています。「数学」は，学生自らこの科目を選択した履修者を対象とし，高等学校までに学習した数学を現実場面で活用し，さらに新しい分野にも触れるとともに，多面的な数学を学ぶという高水準の数学的リテラシー教育を目標としています。

　一方，自然科学特別講義「統計学基礎」は，数学基礎力に困難を抱える学生を対象として，高大接続の実質化を図る科目となっています。目標は，すべての人が身に付けることが望ましい日常的な場面での数学の活用能力である数学的リテラシーの育成を目指しつつ，統計学の基礎を学ぶ科目として設定しています。ここでは，数学の実践事例を紹介します。

３．高水準の数学的リテラシー教育の教材開発

　学士課程教育における「学習成果」に関する指針の一つに，卒業後も自律・自立して学習できる「生涯学習力」が挙げられています[12]。これまで数学を敬遠してきた学生にも，数学のよさや有用性を理解させ，数学的リテラシー形成を軸に据えた生涯学習力につながる数学教育の実践を目指しています。

　川添充は[13]，文系での高水準の数学的リテラシー教育を念頭に，知識の存在理由の大切さ，数学を学ぶ意味や価値が伝わる教え方，何を教えるかについて分析し，数学の本質に触れることの大切さを説いています。

　また，遠山啓[14]は，「数学教育の中でやる気をなくした生徒に，もう一度やる気を起こさせるためには，ありきたりの道を走らせてはだめである。新しいバイパスを開発し，もう一度走る気を起こさせる必要がある。それは楽しく快適なものでなければならない。生徒ばかりか教師が楽しめるということが不可欠である。」と述べています。それらは，大学教育においても同様に言えることです。大学での学習内容が，単なる高校教育の学び直しにならないように配慮する必要があります。

★数学の教材開発（２単位15週の教材）

1. 美しい数の並びから数の神秘に触れる
2. 方程式の解と数の拡張　自然数から複素数へ　指数・対数計算
3. 実用的な問題解決（線形計画法）PC 活用（エクセルのソルバー）
4. 「行列と行列式を使って方程式を解く」PC 活用（エクセル）
5. 預貯金とローン返済の利息計算　Web 計算サイトの活用
6. 推測統計　エクセルでデータ分析（エクセル分析ツールの活用）
7. 微分法の応用　実用的な問題解決（最適化問題）エクセル活用
8. 円錐曲線　関数グラフソフトの活用

● 授業外学習　予習・復習課題，数学史のオンデマンド教材を視聴
　　　　　　　SPI 数的推理問題，レポート課題（数学を学ぶ意義）

教材例 15) 美しい数の並び「数に秘められた神秘」（解答付）

1. 　111111111×111111111＝12345678987654321

2.

$$1×9+2＝11$$
$$12×9+3＝111$$
$$123×9+4＝1111$$
$$1234×9+5＝11111$$
$$12345×9+6＝111111$$
$$123456×9+7＝1111111$$
$$1234567×9+8＝11111111$$
$$12345678×9+9＝111111111$$

※ 第1回目の授業ガイ
ダンス後の演習問題
単純化し、類推した
後、電卓を用いて計
算して確認します。

3.

$$9×9+7＝88$$
$$98×9+6＝888$$
$$987×9+5＝8888$$
$$9876×9+4＝88888$$
$$98765×9+3＝888888$$
$$987654×9+2＝8888888$$
$$9876543×9+1＝88888888$$
$$98765432×9+0＝888888888$$

4.

$$12345679×\ \ 9＝111111111$$
$$12345679×18＝222222222$$
$$12345679×27＝333333333$$
$$12345679×36＝444444444$$
$$12345679×45＝555555555$$
$$12345679×54＝666666666$$
$$12345679×63＝777777777$$
$$12345679×72＝888888888$$
$$12345679×81＝999999999$$

5.

3×37＝111	（6）　33×3367＝111111
6×37＝222	66×3367＝222222
9×37＝333	99×3367＝333333
12×37＝444	132×3367＝444444
15×37＝555	165×3367＝555555
18×37＝666	198×3367＝666666
21×37＝777	231×3367＝777777
24×37＝888	264×3367＝888888
27×37＝999	297×3367＝999999

（1）「数学史」を取り入れて

　「数学史」を取り入れる目的は，特別な知識を前提としない新しい数学の世界や，現在も発展し続ける生きた数学の広がりに触れることで，数学を学ぶ意義や数学の有用性を主体的に考えさせるために有効であると考えています。また，数学史を学ぶことで，人間が受け継いできた数学の文化的・教養的価値について興味関心を持つことにより，主体的に学習する態度や意欲を身に付けさせ，数学の世界を広げていきたいと考えています。これらの数学教育の目的を，受講者と共有し「数学を学ぶ意義」とは何かについて，学習者自身にも考えさせることから始めていきます。

　この授業では，最後に数学を学ぶ意義について述べるレポート課題があります。そこには，学習者自身が様々な「数学史」に関することについて調べる過程で，数学が人間の知恵と努力によって創造された産物であることや，数学を学ぶ意義や数学のよさに気づき，数学に対する意欲や興味・関心に変化をもたらしていることが，授業後の次の感想などから窺い知ることができます。「証明に至るまでの数学者の努力や苦悩，その業績など，数学者の人物像に触れたり，現在活用されている数式が，はるか以前の紀元前に導かれた数式であったり，生活の中から必要とされて創造されたものであることを知ることで，生きた数学や未知の数学の世界を実感した。様々な国や地域，時代や言語を超えて数学者は共通の問題に取り組んでいる。数学は全世界共通ではないだろうか。その感じが一見機械的なイメージのある数学にも人間味を帯びているような気がして面白いと思えた。様々な数学史に触れて楽しかった。ガロアの生涯や実績を調べて，そして大学の講義を通してわかったことがある。数学には，人生を懸けてしまう人もいるくらいの魅力が潜んでいるということだ。」等です。

　数学史の学びを通して数学の世界観の変化を見ることができ，数学史の学習は「新たな数学的世界観を形成できる [16]」ということが分かりました。

◆数学史で取り上げたテーマ

1. オイラーの定理，2. 人命救助に貢献したジョン・ネイピア，3. 日本人数学者 関孝和と本の紹介，4. ピタゴラスの定理から広がる数学の世界フェルマーの最終定理の証明，5. 若き天才数学者ガロア，6. 薄幸の美青年アーベル，7. 黄金比と白銀比，8. 黄金比とフィボナッチ数列，9. フラクタル図形，10. ポアンカレ予想，11. ニュートンとライプニッツの微積論争

★数学史の教材から「不思議な数 14)」

完全数「その数を除いた約数をすべて足すと元の数と同じ」

例　6＝1＋2＋3

友愛数「その数を除いたそれぞれの約数の和が相手の数と同じ」

例　220の約数＝1＋2＋4＋5＋10＋11＋20＋22＋44＋55＋110＝284
　　284の約数＝1＋2＋4＋71＋142＝220

婚約数「1とその数以外のその数の約数の和が相手の数と同じ」

例　48の約数＝2＋3＋4＋6＋8＋12＋16＋24＝75
　　75の約数＝3＋5＋15＋25＝48

社交数「ある数の約数の和が別の数になり循環関係が成立」

例　14288→15472→14536→14264→12496→14288

「私にとって数学者と数学とは」受講者のレポートより紹介 (抜粋)

（前略）私たちが数学の授業で勉強している問題のほとんどは定理，記号，方程式を当たり前に使っている。私にとって数学者達はヒントを与えてくれる存在であると考える。また私の知らない数学の決まりや美しさ，自然との関わりを伝えてくれた存在でもある。では私にとって数学とはどんなものなのか。それは与えられた問題の答えを導き出すだけではない。導いた答えの奥にあるものを見つけ出し，人生を豊かにするものだ。

例えば友愛数。人はこの数を利用し相性を見定めるという行為をする。これは人生を豊かにするツールの1つだ。他にも統計学があげられる。これを基に人間達は健康や病気等についての人数を予測し，みんながよりよい生活を送るために役立てられている。数列を応用して求められるローンの返済についても得をする方を見極めることができ，金銭的豊かさの追求ができる。これらのことから数学というものは常に身近にあるものだと言うことができ，生活には切っても切り離せない存在であるとも言える。だから私は社会的に見ても便利で，自分の人生を豊かにしてくれる数学を使わない手はないと考える。今まで習ってきた授業内容を踏まえ，世の中にありふれている情報を正確に処理し，人生をより良く豊かにしていきたい。(後略)

（2）PC活用スキルの育成

　数理系科目を敬遠してきた学生も含めて，情報科学や数学・統計の基礎知識が必要となることを前述しました。卒業時に文系・理系を問わず，これらをリテラシーとして身に付けていることを目標に，まずは数学の履修者にはそのことを意識して取り組ませるよう教材を組み立てています。

　数学の授業でPC活用を推進する理由は，これからの情報化社会においてコンピュータ活用スキルをリテラシーとして身に付けておく必要があり，何よりこれらを敬遠せず活用する意欲を喚起することが目的です。さらに人間社会を大きく変化させたコンピュータも数学の歴史的産物であることを理解することも数学の重要な学びであると考えているからです。

　数学の授業において扱うPC活用課題は次の5点です。①線形計画法では，エクセルのソルバーを活用して最適な解を導く，②連立方程式を逆行列の関数式MINVERSEを用いてエクセルで解く。または行列式のクラメルの公式で解く。③統計の区間推定をエクセルの分析ツールを用いて行う。④三次関数の最適化問題にエクセルを活用して，グラフや極値を求め問題を解決する。⑤関数グラフソフト「グレープス」を活用して楕円，双曲線等，いろいろなグラフを描く。どの単元も，問題を理解しその数学的処理ができるようになった上で，復習課題としてPC活用に取り組ませます。自力でPCの操作ができるよう丁寧な説明書を教材として作成し，各自でPC操作手順を読み，取り組ませます。操作が難しいと感じる学生には，数理学習センターでチューターの支援を受けながら取り組ませるようにしています。

　受講生からは，「逆行列を使って連立方程式が解けることを知り驚いた。複雑な連立方程式もパソコンで簡単に解くことができ素晴らしいと思う。数学を解くのに，いろいろな方法があることを知って驚いたし便利だと思った。連立方程式の新しい解き方を知ることができて視野が広がり，嬉しかった。」などの感想があり，その後のPCの主体的な活用に繋がるものと期待しています。

（3）連携授業による「学習支援」

　連携授業とは，数理学習センターの活用を組み込んだシラバスを作成し，授業外学習として意図的・計画的な学習支援を前提とした授業です。受講生の中には中学からの学び直しが必要な学生も少なくありませんが，苦手意識を克服するために確固たる決意を持って履修する学生もいます。15回の授業だけで，授業目標を達成するのは困難です。自力で課題が解けない受講生は，数理学習センターで学生チューターの学習支援（チュータリング）を受け，学習活動を進めていくというシステムとなっています。数理学習センターは，学習支援だけではなく，中間試験及び期末試験前には，試験対策講座が開講され，多くの受講生が活用する場となっています。数理学習センターのチューターは，数学を苦手とする受講生の心強いサポーターであり，授業外学習における手厚い学習支援により数学の苦手克服に大きく貢献しています。

　数学受講者の学習センターの利用率は，毎学期約95％以上となっています。授業後の受講者アンケートにおいて，この授業を通して身についた力を問うた設問には，「論理的思考力，計算力，判断力，粘り強さ，エクセル活用力」等があげられました。

講座案内のポスター　　写真　講座の様子

　また，2020年度後期の数学受講者の学習センター利用調査においては，数学の基礎力に課題を抱えた学生ほど，学習センターを活用している回数が多く，課題提出状況も良いという結果となっていました。

おわりに

　「数学史，PC活用，学習支援」を組み込み，数学的リテラシーの育成を目指した本学の数学の授業デザインについては，受講後の授業評価アンケートの結果から，9割の学生が，目標達成はできたと捉えています。それは，日々の授業の振り返りや最後のレポート課題から，学生が主体的・意欲的に授業外学習に取り組んでいることや，数学を学ぶ意義について自らの意見として述べていることからもその達成感が伝わってきます。半面，自学自習のできない1割程度の受講者の課題も抱えています。

　浪川幸彦は，数学リテラシーは，数学的知識としての基礎的素養と言語能力の意味から，大学教養教育を考える上でも重要な要素であると指摘しています。さらに，カリキュラム構築において，対象となる学習者が最終的に持つべき知識および能力のリテラシー像を確定し，そこに至る道程としてカリキュラムを考えていく試みを提案[17]しています。

　受講者にもその趣旨を十分に理解させた上で評価の工夫をしています。

　また，本学では数学という科目を避けて通りたいと思っている学生にも，統計分野の基礎は数学的リテラシーの一部であるという認識を持って学んでもらうために，自然科学特別講義「統計学基礎」というカリキュラム開発にも力を入れて取り組んできました。その苦手克服に挑戦した受講者からのコメントからは，授業外の学び直しの努力が伝わり，リメディアル教育の必要性を強く感じることができます。

　また，初等中等教育の新学習指導要領[18]に求められている算数・数学には，統計基礎の学習内容が増えています。小学校算数に「データの活用」領域が新設され，これまで高等学校数学Ⅰ[19]で扱っていた四分位数・箱ひげ図は中学校第2学年に新規の内容[20]として盛り込まれるなど，統計教育の

早期化が図られています。このように今後ますます重要視される統計を学ぶためにも，数学の得意，不得意に関わらず数学的リテラシー育成を目的とした教育が必要だと考えています。

　今後は，学生の指導はもとより，小・中・高・大学の算数・数学教員の連携をさらに充実させ，これまで以上に地域の数学力向上も目指していきたいと考えています。

参考文献

1）野末俊比古（2008）情報教育リテラシーと大学図書館

2）学研教育総合研究所「小中学生白書 web 版・中学生白書 web 版」2017 年調査，高校生白書 web 版」2018 年調査

3）国立教育政策研究所
　　国際数学・理科教育動向調査（TIMSS2019）のポイント

4）最新最強の SPI クリア問題集（12 年度）成美堂出版

5）「大学の数理・データサイエンス教育強化方策について」の公表について
　　https://www.mext.go.jp/b_menu/shingi/chousa/koutou/080/gaiyou/1380788.ht

6）日本数学会・「大学生数学基本調査」に基づく数学教育への提言
　　https://www.mathsoc.jp/comm/kyoiku/chousa2011/index.html

7）経団連：今後の採用と大学教育に関する提案（2018-12-04）
　　www.keidanren.or.jp/policy/2018/113.html

8）AI 戦略等を踏まえた AI 人材の育成について　内閣府
　　https://www5.cao.go.jp › kaigi › reform › shiryou2_1

9）2012 年の PISA 調査（OECD 生徒の学習到達度調査）国立教育政策研究所

10）OECD 生徒の学習到達度調査〜 2012 年調査国際結果に要約〜 2013 年 12 月
　　文部科学省国立教育政策研究所

11）水町龍一（編）2017 年「大学教育の数学的リテラシー」東進堂出版

12）学士課程教育の構築に向けて（答申）2008 年 12 月 24 日中央教育審議会

13）リメディアル教育学会　数学的リテラシー教育のための認識枠組み大学での授業実践の分析を通して川添充，五島譲司，落合洋文

14）数楽への招待 I（1983）遠山啓著　太郎次郎社

15）図解雑学「数論とフェルマ―の最終定理」ナツメ社　百瀬文之，他著
16）塚原久美子（1999）『数学史をどう教えるか』東洋書店
17）浪川幸彦（2011）リテラシーの概念に基づいた教養教育の構築
18）小学校学習指導要領　算数編　文部科学省
19）高等学校学習指導要領　数学編　文部科学省
20）中学校学習指導要領　数学編　文部科学省

「『科学』を学ぶことで何が得られるのか」を考える

立津 慶幸

1. はじめに

この章は，私が大学で担当する講義「科学入門」の初回で学生に対して必ず投げかける質問から始めたいと思います。それは「科学を学ぶ意義とは何か？」というものです。これに対し，「なぜ大学入学後も科学を学ぶのか」と質問を質問で返す学生も少なくありません（受験勉強で苦手な科学科目からやっと解放された学生にしてみれば，自然と口にしたくなる回答なのかもしれません）。私からの質問に対し，大半の学生が「便利だから」と答え，「なぜそう思うの？」という投げかけに対し「生活が豊かになるから」といった流れで毎学期スタートします。読者の皆さんも，この質問に対する回答を自分なりに考えながら読み進めてみて下さい。

2. 「理系」or「文系」？

我々人類は，はるか昔から思考を止めることなく，様々な学問を形成することで文明を発展させてきました。これは地球上の他の生物には真似することのできない，人間特有の能力です。現在までにどれほどの学問が形成されてきたのでしょうか？ 2020 年において，日本学術振興会が細分化した日本の大学における専門分野（小区分）を見てみると，289 個となっており，各小区分内でも約 10 項目程度の記載があります。つまり，大雑把に見積もって少なくとも約 3000 分野の研究対象が存在していることが分かります[1]。

その中でも，歴史，文化，言語などを「文系」，自然科学，工学，医学，

農学などを「理系」として，学問体系を大きく2つに分けることが日本では一般的に思えます。実際，高校入学時に「英語科，国際文科」や「理数科」などで学科の振り分けがされているケースがあります。また，大学入試関連情報誌などでも文系大学，理系大学と紹介されるケースを考えてみても，理系・文系の言葉は馴染みがあるかもしれません。ちなみに私が所属する名桜大学はいわゆる文系大学に属します（令和4年度時点）。近年，この理系・文系の分類に対する見方は変化しています。実際，教育現場では「文理融合」の波が押し寄せており，大学においては文理融合型の講義提供の促進が求められてきています [2]。その理由は，大きく2つあります。

　1つ目は，情報を取り扱うツールであるパソコン（パーソナルコンピューター）とスマートフォンの発展・普及が挙げられます。現在，情報はこれらの機器を用いて入出力され，大型コンピューターに保存・管理されるケースがほとんどです。つまり，情報やデータが紙媒体で保存されているケースは稀で，デジタル形式が大多数を占めています。一昔前までは，パソコン操作とデータ処理は，いわゆる理系人材に任せることで仕事の分担は問題なかったかもしれません。しかし，現代社会においてパソコンは文房具同様，必須アイテムとなっているため，誰でも基本的な操作が求められており，仕事をするうえで「文系だからIT機器は使えない」という言い訳は通用しなくなりました。

　2つ目は，インターネットの普及によりグローバル化が急速に進行し，変化の激しい時代が到来したことです。誰でも簡単に情報にアクセスできる現代社会では，情報やデータをいかに有効活用できるかというスキルが求められています。裏を返せば，様々な意思決定が情報に強く依存するようになっているといっても過言ではありません。

　情報・データに関連した話題として，近年，ビックデータというキーワードを至るところで耳にします。これは，人間が処理できない大量のデータを機械学習や人工知能（AI）技術を使い，コンピューターに処理をさせることで，データを有効活用し，意思決定の精度向上と速度を加速させていこうと

いう試みです。すでに，マーケティング，金融，製造業，ロボット産業，科学研究等に応用されており，目覚ましい発展を遂げています。現段階では，最終的な意思決定は人間が行う必要があるため，コンピューターが全てを自動でやってくれるということはありません。そのため，分析された結果を私達一人ひとりが読み取り紐解くことで，さらなる発展やアイディアへとつなげる思考回路が不可欠な時代へと突入しています。

　以上のような社会的背景から，文理融合型の教育が早急に求められています。この文理融合型教育の要請は，どのような人材育成を期待しているのでしょうか？これは後にも述べますが，自ら問題を発見し，問題の解決に向けて学ぶ力のある人材の育成です。

　少し話は脱線しますが，大学における研究に関しても情報化社会の影響を受けています。他分野の情報がインターネットを通して簡単に検索・閲覧できる様になったため，自身の専門分野の知識を他分野においても応用することで，新たな知見を得る試みが増えてきました。今後は，これまで聞いたこともなかった学問分野が数多く誕生してくることが期待されます。

3.「科学」とは

　「科学」の一番大切な意義は「物事の本質を捉え一般化を行うこと」ですが，この実現にむけて科学者は再現性と反証可能性を繰り返し行います。

　再現性とは，「同じ条件で物事を観測したのであれば誰がやっても同じ結果を得る」ということです。理科の時間で，ビーカーに決まった量の水を入れ，温度計を使って温度を測定し，どの温度でどのくらい砂糖や塩が溶けるか実験したことはないでしょうか。これは溶解度を調べる簡単な実験ですが，量と温度を適切に守れば誰でも同じ結果を得ることができるので，再現性が担保されています。つまり，一般的な自然科学法則が成り立っていることを示しています。

　反証可能性とは，自分または他の人が立てた仮説に抜け道がないか検証する作業です。例えば，「血液型がA型の人は全員掃除が上手い」という仮説

を誰かが立てたとします。掃除が下手な A 型の人を 1 人でも見つけること
ができればその仮説が間違っていることを証明できますね。逆に，1 人も見
つけることができなければ，その仮説は正しいということになります。高校
の数学の授業で集合（ベン図）や背理法を学ぶと思いますが，実はこれらは
反証可能性を簡潔かつ合理的に説明する手法の一つです。

　つまり，我々が何気なく学んでいる科学的知識とは，これまで数多くの科
学者が反証可能性を様々な角度から見つめながら，再現可能性を見つける作
業を日々繰り返すことで成し遂げられてきた努力の結晶なのです。

　さて，世の中には数多くの学問が存在し，文理融合が社会的に重要視され
ていることを前節で述べました。その意味を「科学」というキーワードに着
目しながら一度整理してみましょう。

　私が大学で担当する講義において「科学という言葉を聞いて思い浮かべる
キーワードは何でしょうか」と学生へ投げかけると，物理学，化学，生物
学，地学など「自然科学」が対象として最初に挙がってきます。同時に，自
然科学で培われた知識を応用した工学，コンピューターなど，テクノロジー
（科学技術）に関連するキーワードも挙がってきます。冒頭にある「科学を
学ぶ意義とは何か？」という質問に対し，学生が「生活が豊かになるから」
と回答したのは，「科学 = テクノロジー」と捉えたケースです。このケース
から，「科学 = 自然科学と科学技術」と認識されていることが分かります。

　一方，いわゆる文系科目に該当する学問は一括して「人文社会科学」とい
う領域に分類されています。上で挙げた科学と関連がないにも関わらず，
「科学」という言葉が付け加えられていますが，その理由を探るために，以
下では自然科学と人文社会科学のそれぞれの役割を考えましょう。

　自然科学の対象は，私達を取り巻く自然現象です。感情や主観を交えるこ
となく，客観的な視点から自然現象を観察・観測することでその普遍性を
明らかにします。普遍性を捉えるということは，現象の一般的なルールを発
見するということです。例えば，りんごが地球に向かって落ちるという現象
と，月が地球の周りを回っているという現象は，万有引力の法則を用いると

図 1:「科学」の対象と分類

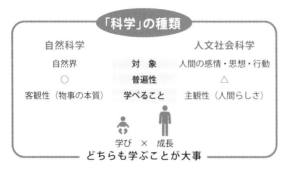

同じ現象であるとして説明する事ができます。一見すると全く異なるように見える自然現象を，記号や数式で表現することで一般化を試みます。これにより，複雑な現象が簡略化され，本質を捉えることができるようになります。

　一方，人文社会科学は，人間の思考・行動や社会構造を体系化（グループ分け）することで，人間らしさを学べる分野です。我々人類は，生物学的に考えると「ヒト」という 1 つの種ですが，気候や地理的環境にうまく適用する知恵と技術を備え付けてきたため，この地球上に広く分布し生活を営むことができています。そして各地域で育まれた思想，文化，言語が人間社会に多様性を生み出しています。この多様性を，自然科学と同じように式や記号を用いてひとまとめに同じものとして表現することはできません。そのため，まず同じルールが適用できそうな範囲，例えば国や地域またはそれよりも小さな範囲に区切ります。そして，設定した範囲内における人文社会的な特徴を調べ，これらが生まれた背景や要因を探求し，一般化していく役割を担っているのが人文社会科学なのです。

　上述のことから明らかなように，両者は学ぶ対象が異なります（図 1 参照）。しかしながら，自然科学と人文社会科学にも共通点があります。それは，どちらも観測・調査対象が「複雑である」ということです。この複雑さが数多くの疑問を生み出し，我々の知的好奇心を駆り立てることで学問として体系化され，文明を発展させています。すなわち，複雑な現象を可能な限り単純化し，物事の本質を捉え一般化を目指す学問に対し（広い意味で）「科学」という言葉が用いられているわけです。

　これらが 2 種類に分けられている理由を，いくつかの例を紹介しながら考えてみましょう。

　自然科学は，あくまで自然現象の不思議を紐解くための基礎学問であり，その先の応用を見据えて研究を進めているという研究者はそれほど多くありません。1 つ例を挙げましょう。有名な物理学者であるアルバート・アインシュタインは，今から 100 年以上前に，相対性理論という画期的な物理法則を構築しました。現代では，その理論を応用し，スマートフォンなど身近な物に活用されています。それは，正確な位置情報を取得する技術である GPS（Global Positioning System）です。相対性理論の発見は 100 年以上前ですから，アインシュタイン自身，最初から正確な位置情報取得に応用できると考え，相対性理論の研究を始めたわけではありません。時代が進み，GPS という技術を開発する段階で，相対性理論が応用化されただけなのです。

　このように，自然科学の基礎研究で得られた知見を応用した工学・薬学・医療などは科学技術と呼ばれる分野で，我々の社会的営みを豊かにするべく活用されます。実は（あくまで個人的な意見で，全てのケースに当てはまるわけではないのですが），自然科学 → 科学技術の適用 → 倫理の発生というケースが多くみられます。それは，全ての科学技術が必ずしも全ての文化に受け入れられ全人類・全生物に無害であるという保証は無いため，何かしらの問題が発生する可能性を含んでいるからです。問題が発生した場合，「〜すべき / すべきでない」という人々の倫理的主観や，法律，制度設計など社会的な枠組みにまで踏み込んだ定まった答えのない複雑な事例に進展することがあります。以下では，その例を紹介します。

　ここでも，先程出てきた相対性理論を例に考えましょう。相対性理論の大きな発見の一つに，「物質は，その質量 m に光の速さ c（1 秒で約 30 万キロメートル進む）の 2 乗を掛けた大きさのエネルギー E を持っている（$E = mc^2$）」があります。ここでエネルギーとは，例えば熱や電力など「物体を動かすことのできる能力のこと」であると考えてください。上記のように光

の速さはとても大きな値なので，質量が小さい物体でも，とても大きなエネルギーを持っているということです。そして質量が重ければ重いほど取り出せるエネルギーも大きくなります。ウランやプルトニウムという放射性を示す元素はとても重いため，大きなエネルギーを取り出せるということが相対性理論により理解できます。この科学的知見を，正の側面として応用したのが原子力発電所で，多くのエネルギーを生産する技術として確立されました。負の側面としては，兵器応用があります。いわゆる原子爆弾です。皆さんもご存知のように，第二次世界大戦では広島と長崎に原子爆弾が投下され，多くの犠牲者を出しました。アインシュタインの世紀の大発見が，人間の都合により兵器として使われてしまったことに関しては，これまで多くの見解があるためここで述べる必要はありませんが，最初に使われる用途が人類の生活を豊かにする目的であったならば，この世紀の大発見に対する世間の意見も変わっていたかもしれません。

　自然科学・科学的説明が長くなってしまいましたが，以下では倫理面をみていきましょう。最近，NHK が日本とアメリカの 18 〜 34 歳の若年層に対し，原爆を落としたことによる賛否を問う調査を行ったというニュースが流れていました [3]。41.6% のアメリカ人が「許されない行為であった」という意見に対し，31.3% は「必要だった」と述べています。反対に，アメリカが独自に行った調査では 47% が原爆投下の正当性を主張しており，現在でも意見は分かれていることが分かります。恐らく，調査に答えた人で相対性理論の詳細を知っている人はごく少数はでしょう。むしろ，これらの調査では，人文社会科学的な側面（社会的・歴史的背景）を踏まえた上で自分の意見を述べた人が多かったのではないかと私は考えています。この質問に対しては，教科書的な解答はもちろんありません。それよりも，この事例に関する自然科学的・人文社会科学的な知識を両方備え，自分の意見を述べる能力があるということが重要です。

　もう一つ，科学と倫理が関連する事例として，ヤンバルに深い関連があるハンセン病があります。ハンセン病は，らい菌が由来の病気で古代の書物に

も記載されているほど昔から知られており，皮疹や四肢の変形，末端神経に障害が出る感染症です [4]。自然科学的な知見からすると，らい菌自体は基本的に感染力も弱いため，不治の病でもなければ遺伝病でもない完治可能な病気です。しかし，皮膚という最も外見で判断されやすい器官に影響が出てしまうことから，感染病を恐れられ，ハンセン病患者の方たちが差別の対象となっていた事例が数多く報告されています。これに追い打ちをかけるように，政府による隔離政策と法律制定が遂行され，感染者は全国に設置した国立療養所に強制隔離されてしまいました。その一つである国立ハンセン病療養所・沖縄愛楽園は，1938 年に名護市の屋我地島に設立されています。現在では，元ハンセン病患者の方々が安心して生活できる施設として，そしてハンセン病に関する知識と偏見をなくす教育施設として利用されています。物事を客観的に捉える自然科学的な教養と，人文社会科学的な教養を身につけるためにも一度足を運ばれてはいかがでしょうか。

　上記の例でみてきたように，自然科学 → 科学技術の適用 → 倫理の発生という一連の流れの中では，多くの自然科学的・人文社会科学的知識が複雑に絡み合います。自分の考えを主張するためには，根拠を述べられる程度の自然科学的知識を持ち合わせている必要があります。そして，人文社会科学的な歴史的・社会的背景を知ること，更にはその状況にもし自分が置かれたらどうするかという想像力を働かせる人間らしさもバランス良く備えていなければなりません。我々が，義務教育の課程において基礎的な内容を幅広く学ぶことにはとても重要な意味があるわけです。

　様々な角度から「科学」を俯瞰したとき，古代の人々が「哲学」として考えていた内容と同じ意味合いで，現代社会では利用されていると捉えることができるのかもしれません。

4. 問題解決の科学的アプローチ

　大学や企業の研究者は，分野を問わず，基本的に以下の①から⑥の科学的プロセスを循環しながら，自身が興味を抱いている問題に取り組むことが一

般的です。

①観察・調査 → ②疑問 → ③仮説 → ④実験／検証 → ⑤考
察 → ⑥新たな疑問

このプロセスを進める上では，3つの大事な思考方法があります。それは，
クリティカルシンキング（批判的思考），ラテラルシンキング（水平思考），
ロジカルシンキング（論理的思考）です（図2参照）。クリティカルシンキ
ングは，今まで常識だと思っていた前提を疑う思考法です。ラテラルシンキ
ングとは，これまでの既成概念にとらわれない柔軟な思考法です。違う視点
から考え直し，抽象化することで新しいアイディアを創造します。そしてロ
ジカルシンキングは，科学的根拠や数値・データをもとに，道筋をたてて
論理的に説明するための思考法です。上で述べた6つのプロセスにおいて，
この3つの思考法を適宜利用します。

ヤンバルには南国の果物が豊富にあり，これらを利用したビジネスは地域
活性化に大きく貢献しています。これらを例に，3つの思考法の適用方法を
みてみましょう。収穫した果物を商品として店頭に並べるためには，「サイ
ズ・形・色が，ある一定の基準を満たすものである」という考えが一般的で
す。基準を満たさず店頭に並べることが出来なかった商品や，売れ残りを捨
てるのはとてももったいないことです。そこで，この前提を疑い「味や品質
さえ保証されていれば，これらの基準を気にしない顧客が存在するのでは」
と別の発想をすることもできます。これがクリティカルシンキングです。ま
た，果実という形で販売するだけではなく，ジュースやジャム，お菓子とし
て加工することで，本来廃棄していた規格外品をビジネスプレイヤーとして
活用することで，新たな収益を確保する可能性も考えられます。さらに，加
工品であれば賞味期限も長くなるため県外や国外の顧客をターゲットにする
ことも可能となります。これがラテラルシンキングです。この段階で，①
店頭の商品の売れ行きや規格外品の数などを調べ，②この問題の前提を疑

い，③仮説やアイディ
アを立てるという前半
のプロセスが完了しま
した。このアイディア
を実際のビジネスモデ
ルとして採用するため
には，収益確保が必須
となります。そのため
には，顧客動向や金額
設定，商品開発コスト
を事前に調査し，予想

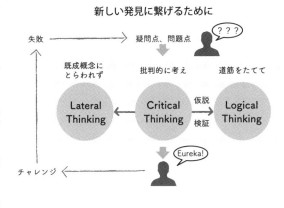

図 2: 新しい発見に繋げるための 3 つの思考法

収益とその根拠を示す必要があります。規格外品を実際に店頭に並べ，売れ
行きを調べてみたり，試作品をサンプルとして配ることで顧客の反応を観察
し，データを収集します。そして，調査で得られたデータを統計学の手法を
用いて分析することで，価格設定やターゲットとなる年齢・地域を絞り込む
ことが可能です。データを用いて数値的に根拠を示すことができるため，こ
れまでの経験や，感情にコントロールされる心配はありません。これがロジ
カルシンキングです。これらの作業は④，⑤のプロセスに対応します。

　一般に，既成概念とは世間に広く受け入れられている常識であるため，こ
れを疑う発想はとても大胆かつ勇気のいる行動です。そういった意味で，ク
リティカルシンキングを鍛えることは科学を楽しむための第一歩となりま
す。物事を疑ってかかる思考を養うために，うってつけのトピックを紹介し
ます。それは「疑似科学」と呼ばれる偽りの科学です。典型的な例は血液型
判断ですが，それ以外にも疑似科学的な商品を国内外の至るところで目にし
ます。私の大学の講義でも疑似科学に関するテーマを取り上げていますが，
疑似科学の絡んだ商品を購入したり目撃したことのある学生が必ずいます。
大抵の学生が疑似科学という認識すらしていないのですが，その理由は，科
学的な単語をうまく利用（悪用）することで人の心理に巧妙に付け入る手法

が用いられているためです。疑似科学の例を挙げるときりがないため割愛しますが，章末で推薦文献を紹介していますので，是非お手にとって一読してみてください。

5. コミュニティーにおける大学と「科学」の役割

　ご存知のように，大学は深い専門性を修得する場であると同時に，「学ぶ姿勢」と「自ら考え創造する力」を形成する場でもあります。名桜大学では，幅広い一般教養教育の提供と独自の学習支援制度を目標に掲げ，リベラルアーツ機構が創設されてから約8年（2022年現在）が経過しました。機構では，主体的学びの基礎力に磨きをかけるアカデミックスキルから，グローバルな視点を育てる外国語・国際理解科目，思考力を身につける人文・自然科学といった幅広い学問を提供しています。また，大きな特徴の一つとして挙げられるのは，学生会館SAKURAUMです。この施設は名桜大学の学生が主体的に運営し，学生同士がお互いの学びを支援するチューターリング制度が存在します。チューターリングでは，教わる側の学生（チューティー）は自分と同じ立場である教える側の学生（チューター）に対し，授業中に理解できなかった内容や課題に関する相談を気軽に行うことができます。チューティーは自分がどこでつまずいたのか，チューターはチューティーがどこまで理解しているのかを把握すべく，お互い自分の考えを的確に伝える努力を重ねていきます。この学生同士の学びを介したコミュニケーションは，深く学ぶ習慣を形成する重要な機会を提供してくれます。この他にも，学生は大学の講義やゼミ・実習を通して専門性を学ぶことで，社会を支える一員となるスキルを磨きます。

　2020年に，コロナウイルスが世界中で大流行し，数多くの感染者と死者が連日報告される事態となりました。経済活動の長期停滞・悪化や医療機関への影響が懸念され，効果対なワクチン開発に期待が高まっています。さて，ワクチンの有用性というのは，様々な臨床実験を繰り返すことでその効

果が科学的にも証明されており世界中で普及しています。実際，日本では特定のウイルスに対する免疫力をつけるため，幼い頃から予防接種が常識のように実施されていますが，先進国であるアメリカでは，予防接種に対し根強い反発を示す人も少なくありません [5]。また，マスクの着用は少なくともウイルスの飛沫感染防止として有用であることは科学的研究により認識されつつありますが [6]，それにも関わらずマスクの着用に反対する人も多く存在します。

　このような認識の違いは，個人の科学的知識の欠如や誤った情報を鵜呑みにしているケースが考えられますが，コミュニティーにおける誤った認識が個人の最終的な判断に与える影響は重要因子として注視すべきです。このような観点から，（あくまで個人的な意見ですが）コミュニティーにおける大学の役割を見つめ直すべき時代なのではないかと考えています。読者の方々には是非，大学の施設や公開授業などを有効活用し「科学」を広く学ぶことで，コミュニティーの意識改善や新たな取り組みへと発展させてもらいたいと思います。

6. 科学を学ぶということ

　この章では，科学的アプローチと大学の取り組みについてご紹介しました。これまで述べてきたように，「科学」を学ぶことにより得られることは「創造（想像）性」，「問題解決力」，「判断力」，これらを総合的に活用することで生まれる「新しい疑問の提起」です。そして何よりも，我々人間らしさの象徴である「好奇心」を磨き高めてくれます。

　正規の審査（論文の査読など）を通過した科学的な研究結果は，これまで紹介した思考プロセスを多くの科学者が繰り返すことにより得ることができた最新かつ信頼の高い結果です。これらの科学的知見を有効活用することで，感情や周りの意見に振り回され誤った判断を下してしまうよりも，はるかに合理的で納得の行く指針を示してくれます。そのためには，自分自身で正しいと信じることができる決断を選択できるよう「科学」を広く学ぶ必要

があるのです。

　同時に心に留めておくべきことは，科学は「不確かさ」を含んでいるということです。測定する装置や技術そのものが本質を捉えるまでの精度に至っていない場合や，いくらかの誤差を含むこと，全ての情報を網羅することは不可能であることなどを考えれば納得しやすいかもしれません。多くの科学的発見が間違っているという意味ではありません。この不確かさは，我々に新たな疑問を与え，視野を広げる発見を生み出すアイディアの種になりうるということです。

　最後に，私の好きな物理学者の一人であるリチャード・ファインマン（1965 年ノーベル物理学賞受賞）の言葉を紹介したいと思います [7]。

　科学者は，疑いや不確かさに慣れっこになってます。もとより科学的知識とはすべて不確かなものばかりなのです。またこうして疑いや不確かさを経験するのは大事なことで，これは科学だけでなく，広く一般にも非常に価値のあることだと僕は信じます。

　読者の皆さんは今，知りたいこと，学びたいことはありませんか？名桜大学に限らず，多くの高等教育機関では，地域と連携したプロジェクトを推進しています。教育資源としての大学を有効活用していくことで，コミュニティーの問題解決と発展に役立てて欲しいと思います。そして，科学的思考プロセスを活用することでヤンバルの不思議を発見し，深く有意義なやんばるでの知的探検を楽しんでみて下さい。

（注釈）
この章では，カギ括弧付きの「科学」は自然科学的な意味合いではなく，広い意味合いの科学を指しています。

参考・引用文献

[1] 日本学術振興会の審査区分表：https://www.jsps.go.jp/j-grantsinaid/02_koubo/shinsakubun.html（閲覧日：2020 年 8 月 5 日）

[2] 国公私立大学を通じた大学教育再生の戦略的推進（文部科学省）：https://www.mext.go.jp/a_menu/koutou/kaikaku/index.htm（閲覧日：2020 年 9 月 8 日）

[3] 核兵器に関する意見調査：https://www3.nhk.or.jp/nhkworld/en/news/backstories/1245/（閲覧日：2020 年 8 月 7 日）

[4] ハンセン病とは：

https://www.niid.go.jp/niid/ja/kansennohanashi/468-leprosy-info.html（閲覧日：2020 年 9 月 8 日）

https://www.mhlw.go.jp/seisakunitsuite/bunya/kenkou_iryou/iryou/hansen/airakuen/site/hansen.html（閲覧日：2020 年 9 月 8 日）

[5] スティーブン・スローマン，フィリップ・ファーンバック，無知の科学，早川書房，P. 171 〜 172，184 〜 185.

[6] 室内環境におけるウイルス飛沫感染の予測とその対策：https://www.r-ccs.riken.jp/jp/fugaku/corona/projects/tsubokura.html（閲覧日：2020 年 9 月 8 日）

[7] R. P. ファインマン，科学は不確かだ！，岩波現代文庫，P.37，38.

推薦文献

・リチャード・ムラー，今この世界を生きているあなたのためのサイエンス I，II，楽工社

・竹内 薫，理系バカと文系バカ，PHP 新書

・安宅 和人，シン・ニホン，NewsPicks

・妹尾 武治，おどろきの心理学〜人生を成功に導く「無意識を整える」技術〜，光文社新書

・長谷川 英祐，科学の罠，青志

・池内 了，疑似科学入門，岩波新書

・疑似科学に関するサイト：https://gijika.com（閲覧日：2020 年 10 月 8 日）

・左巻 健男，水はなんにも知らないよ，Discover21

・伊勢田 哲治 他，科学技術をよく考える，名古屋大学出版会

・ポール・A・オフィット，禍いの科学 正義が愚行に変わるとき，日経ナショナルジオグラフィック社

執筆者紹介

【はじめに担当】

小番 達 こつがい・とおる 名桜大学国際学部 教授 前リベラルアーツ機構長

〔学歴〕千葉大学大学院社会文化科学研究科日本研究専攻博士課程修了（2001）、博士（文学）

〔主要業績〕

「『平治物語』一類本諸本の関係について―源家後日譚を中心に―」（軍記物語講座 第一巻『武者の世が始まる』花鳥社、2020年）

『平治物語 全訳注』（共著、講談社学術文庫、2019年）

「源為朝渡琉伝承の始発―『保元物語』から『幻雲文集』へ―」（『絵解きと伝承そして文学―林雅彦教授古稀・退職記念論文集―』方丈堂出版、2016年）

【1章担当】

渡慶次 正則 とけし・まさのり 名桜大学国際学部 教授

〔学歴〕ウーロンゴン大学教育学部 TESOL 専攻博士課程修了 (教育博士、2003年)

〔主要業績〕

An Investigation into Pre-service Teachers' English Language Proficiency through CEFR-J Self-Assessment and Confidence Levels. (『JACET 九州・沖縄支部紀要』No.23,1-18,2018年)

An Empirical Validation of Self-ratings of CEFR-J Can-Do Descriptors for Japanese University Students, *Journal of Modern Educational Review*, Vol.15, No.10, 927-936, 2015.

【2章担当】

笠村 淳子 かさむら・じゅんこ 名桜大学部人間健康学部 准教授

〔学歴〕修士（名桜大学大学院国際文化研究科国際文化システム専攻）

〔主要業績〕

「意識調査から見る言語学習センターの現状とその課題」（『名桜大学総合研究』第27号，2018年）

『ピアチューター・トレーニング』（共著書、ナカニシヤ出版、2014年）

『学士力を支える学習支援の方法論共著書』（共著書、ナカニシヤ出版、2012年）

【3章担当】

玉城　本生　たまき・もといく　　名桜大学人間健康学部　助教

〔学歴〕ロングアイランド大学（米国 NY 州）大学院修士課程教育学部スクールカウンセ
リング専攻修了（2006）、理学修士

〔主要業績〕

「第二言語コミュニケーションスキル習得に向けた学習者へのアプローチ」（『JATLaC
Journal』No.13、2019 年）

「World Englishes の視点から検証するコミュニケーションにおける理想の自己像」（『沖
縄英語教育学会紀要』第 14 号 2016 年）

「前期中等教育における論理的な表現力の育成を目指したアプローチ　―ライティング
スキルアップ補助教材開発」（学会発表及び教材開発。言語文化教育学会 2018 年度
秋季大会 (早稲田大学) 2018 年）

【4章担当】

Tan Eng Hai　タン・エン・ハイ　　名桜大学国際学部　准教授

〔学歴〕名古屋大学大学院教育発達科学研究科心理発達科学専攻修士課程修了 (2004)

〔主要業績〕

A Research Report on Promoting Intercultural Communication through an Online
Communication App. *Intercultural Communication In Language Education 1st Conference
Proceedings,* 15-30. (2022)

Self-Portrait of a Neurotic - A Collection of Poems (2021)

Relationships between Academic Achievements and Student Motivation, Relative Autonomy
Index and Self-Perception of Competence before Streaming. *International Journal of
Learning and Teaching,* 4(4) 292-298. (2018)

【5章担当】

高安　美智子　たかやす・みちこ　　名桜大学人間健康学部　特任教授

〔学歴〕琉球大学教育学部中学校教員養成課程（数学）卒業

〔主要業績〕

「育成すべき能力と数学教育におけるメタ認知教授法」（科研基盤研究 B25282045 報告
書、2017 年）

「『統計学』におけるチームティーチングによるＬＴＤ話し合い学習法及び学習支援の導
入―統計的考え方の育成を目指して―』（『名桜大学紀要』第 21 号、2016 年）

「地域で育む　夢が広がる数学の学び」(『名桜叢書 第2巻 やんばるに根ざす』、名桜大学、2015年)

【6章担当】

立津　慶幸　たてつ・やすとみ　名桜大学人間健康学部　上級准教授　IR室兼任

〔学歴〕琉球大学大学院理工学研究科生産エネルギー工学専攻博士課程修了 (2013)、博士（理学）

〔主要業績〕

Inter-element miscibility driven stabilization of ordered pseudo-binary alloy
（共編著, *Nature Communications*, 2022)

Determinants of Crystal Structure Transformation of Ionic Nanocrystals in Cation Exchange Reactions（共編著, *Science*, 2021)

Role of typical elements in $Nd_2Fe_{14}X$ (X = B, C, N, O, F)（共編著, *Physical Review Materials*, 2018)

名桜大学やんばる
ブックレット・8

やんばる 「学び」のポリフォニー

2023 年 7 月 1 日　初版第 1 刷発行

編　者　名桜大学リベラルアーツ機構
発行所　名桜大学
発売元　沖縄タイムス社
印刷所　光文堂コミュニケーションズ

©Meio University　　　　　　Printed in Japan
写真および文章の無断複製を禁じます
ISBN978-4-87127-712-9 C0037

『やんばるブックレット』シリーズ刊行に際して

グローバリゼーションと呼ばれる現象は、人々の想像や想定をはるかに超える速さと広がりの中で私たちの生活を変えてきています。「やんばる」でも、グローバル化の波が足元まで押し寄せ、社会や歴史や文化を新たな視点から見直し、二十一世紀の新しい生き方を考えざるを得なくなってきました。名桜大学『やんばるブックレット』シリーズ刊行の背景には、このような時代の変容が横たわっています。

二十一世紀の沖縄はどこに向かうのか。どのような新しい生き方が私たちを待っているのか――。沖縄北部を斬新な切り口から見つめ直すことで、沖縄や日本全体の未来が見えてこないか――。本ブックレットシリーズには人間の生き方を根源から問い直してみようという思いも込められています。

なによりも、新しい時代にふさわしい「やんばる像」（＝自己像）を発見し、構築しようという思いから本シリーズは刊行されることになりました。Edge＝「辺境」ではなく、cutting edge＝「最先端」、「切っ先」としての「やんばる」を想像／創造してみたいと思います。名桜大学のブックレットシリーズが新たな未来と希望につながることを願っています。

二〇一六年　　名桜大学学長　山里勝己